einfach gut,
super günstig

AUTORIN: IRA KÖNIG | FOTOGRAF: HANS GERLACH

Praxistipps

4 Clever Energie sparen
5 Gut essen fängt beim Einkauf an
6 Gutes muss nicht teuer sein
8 Saisonkalender
128 Getränke für Gäste

Umschlagklappe hinten:
Preisgünstig feiern – Partymenüs und -buffets
1 Teig – 3 Kuchen

Extra

Umschlagklappe vorne:
Die 10 GU-Erfolgstipps – mit Gelinggarantie
für preiswerten, guten Genuss

124 Register
126 Impressum

Rezepte

10 Frühling

Das erste Obst und Gemüse der Saison liegen jetzt endlich im Einkaufskorb: süße Erdbeeren, knackiger Rhabarber, der leicht nach Knoblauch duftende Bärlauch und vieles mehr ... Bei der Verarbeitung helfen die Rezepte in diesem Kapitel.

38 Sommer

Die Hochsaison für heimisches Sommerobst und -gemüse hat begonnen. Unwiderstehlich! Salate, Paprika-Hähnchen, Schmorgurken, Kirsch-Crumble und vieles mehr verlocken zum Probieren.

64 Herbst

Endspurt: Bevor der Winter kommt, gibt die Natur noch mal alles – reiche Ernte, wohin man blickt! Da kann man doch gar nicht anders, als sich an Kürbissuppe, Pilzragout und Birnenpie satt zu essen.

96 Winter

Wenn es draußen kalt und ungemütlich ist, gibt's nicht Schöneres, als bei Glühwein in der Küche zusammenzusitzen und sich schon mal zu überlegen, was es morgen Leckeres zum Essen geben soll. Wie wär's mit Erbseneintopf, Hackbraten oder Wirsinglasagne?

Clever Energie sparen

Kühlschrank und Tiefkühlgerät

Sie laufen rund um die Uhr, 365 Tage im Jahr. Hier lohnt es sich, auf Energieeffizienz zu achten. Im Handel sind hauptsächlich Geräte mit der Energieeffizienzklasse A, B nur noch selten. Seit 2004 gibt es auch die Kategorien A+ und A++. Diese Geräte verbrauchen besonders wenig Strom. Oft rechnet es sich, alte Geräte auszuwechseln, auch wenn sie noch tadellos funktionieren.

Beim Kauf auf die richtige Größe achten. Ein riesiger Kühlschrank, der fast leer bleibt, verbraucht unnötig Strom. Für einen Single-Haushalt reichen 100–140 l Inhalt. Für eine Familie rechnet man ca. 50 l Stauraum pro Person.

Zusätzliche Spartipps: Speisen nur abgekühlt in den Kühlschrank stellen. Die Tür nicht unnötig lange öffnen. Systematisches Einräumen hilft, die Lebensmittel schneller zu finden. Die Geräte nicht neben Wärmequellen wie den Herd aufstellen. Notfalls eine Isolierplatte dazwischenstellen. Gefriergeräte am besten im kühlen Keller betreiben.

Backofen/Herd

Auch hier sollte Ihre Wahl auf ein Gerät der Energieeffizienzklasse A fallen. Gasherde sind in der Anschaffung teuer, aber im Verbrauch klar im Vorteil: Die Kosten sind um rund zwei Drittel geringer als beim Elektroherd. Hier übertragen Glaskeramikplatten die Wärme besser als Platten aus Gusseisen. Am sparsamsten sind Induktionskochfelder.

Doch ob Sie mit Strom oder Gas kochen – es kommt auf die effiziente Nutzung des Gerätes an! Bei Kochplatten kann die Restwärme gut ausgenutzt werden.

Aber vor allem beim Backofen kann man sparen: So ist die Umluft energiesparender als Ober- und Unterhitze. Bei großen Braten und Gerichten ab einer Garzeit von 45 Min. können Sie den Elektroofen 5–10 Min. eher ausschalten. Die Hitze wird gehalten. Für Aufläufe brauchen Sie nicht vorzuheizen. Backofentür möglichst selten öffnen.

Töpfe, Pfannen etc.

Schlecht schließende Deckel fressen Energie. Topf- und Pfannenböden sollten mit dem Durchmesser der Herdplatte übereinstimmen, so wird die Wärme optimal genutzt. Verabschieden Sie sich außerdem von Töpfen mit unebenen Böden, sie nutzen die Energie nicht effizient.

Wasser für Tee und Kaffee am besten im Wasserkocher erhitzen. Ebenso das Kochwasser für Nudeln, Kartoffeln und Gemüse, dieses dann in den Topf umgießen. Garen in möglichst wenig Wasser spart Energie und schont Vitamine und Nährstoffe.

Spülmaschine

Sie sparen gegenüber dem Abwasch von Hand Strom und Wasser! Auch hier gibt das Energielabel Auskunft. Optimal sind Geräte der Klasse AAA. Damit werden Energieeffizienz, Reinigungs- und Trocknungsleistung bewertet. Genauso wichtig ist die clevere Nutzung: Den Geschirrspüler immer voll beladen anstellen. Essensreste gleich entfernen, das macht das Vorspülen überflüssig und Sie können das günstigere Spar-oder Kurzprogramm wählen. Wenn Sie dennoch von Hand spülen, nicht unter fließendem Wasser, sondern im Spülbecken.

Gut essen fängt beim Einkauf an

Haben Sie nicht auch schon öfter vergeblich versucht, weniger Geld für den Haushalt auszugeben? Hier kommt die gute Nachricht: Sparen beim Essen geht auch ohne Pfennig-fuchsen und Erbsenzählen. Und auf Genuss müssen Sie dabei nicht verzichten!

Klein, aber hilfreich

Mit nur wenigen Tricks können Sie abwechslungs-reich, lecker und günstig kochen. Oft sind es kleine Dinge, die auf Dauer sparen helfen. Dinge, über die man sich vorher keine Gedanken gemacht hat, die sich aber in ihrer Summe im Geldbeutel bemerkbar machen. Vom günstigen Einkauf über die Wahl eines energiesparenden Kühlschrankes bis zur cle-veren Vorratshaltung und Auswahl des richtigen Kochgeschirrs. Mit wenig Mühe können Sie so gutes Geld sparen!

Einkauf

Hier fängt das Sparen schon beim Schreiben des Einkaufszettels an. Er schützt Sie vor Spontankäu-fen und hilft dabei, nichts zu vergessen. Auch cle-ver: Ein Notizzettel oder eine Tafel, die gut sichtbar in der Küche hängt. Hier können Sie immer sofort notieren, was aufgebraucht ist und beim nächsten Einkauf mitgebracht werden soll. Zeit können Sie sparen, wenn Sie die Waren nach ihrem Standort im Supermarkt auflisten.

Auch bei der Fahrt zum Supermarkt können Sie Geld sparen. Verabreden Sie sich mit Nachbarn oder Freunden. So sparen Sie Benzin, schonen die Umwelt und geselliger ist es außerdem. Kaufen Sie gemeinsam größere Mengen an Vorräten, z. B. Kar-toffeln oder Fleisch vom Bauern in der Umgebung. Schauen Sie nach Sonderangeboten und wägen

Sie ab, ob Sie die Vorräte auch bis zum Ablauf des Verfallsdatums aufbrauchen können bzw. ob Sie genug Platz in der Tiefkühltruhe haben. Viele Supermärkte versenden Prospekte mit Sonderan-geboten für die nächste Woche in die Haushalte der Umgebung oder legen sie in den Geschäften aus. Eine gute Chance für eine clevere Wochen-planung.

Gutes muss nicht teuer sein

Obst und Gemüse

Es lohnt sich, nach der Saison (s. Tabelle Seite 8/9) einzukaufen. Produkte der eigenen Region sind dabei die erste Wahl. Sie benötigen keine langen Transportwege, sind meist günstiger und vitaminreicher als Importware. In den Rezepten finden Sie Tipps zu Einkauf und Verwendung, die auch im Register unter den jeweiligen Sorten aufgelistet sind.

Vermeiden Sie abgepackte Waren und kaufen Sie Obst und Gemüse in der Menge, die Sie wirklich brauchen. Außerhalb der Saison ist Tiefkühlware oft preisgünstiger und gesünder. Obst und Gemüse lassen sich auch prima für den Vorrat einfrieren. Über selbst gemachte Konfitüre, Eingelegtes oder Kompott (s. »Was Oma schon wusste« in jedem Kapitel) freut man sich besonders in der kalten Jahreszeit.

Forellen

Fleisch

Hier ist weniger oft mehr! 1- bis 2-mal in der Woche sollte genügen. Nicht nur der Gesundheit wegen, auch Ihr Geldbeutel wird sich freuen. Dabei müssen Sie auf Genuss nicht verzichten. Für den herzhaften Geschmack reicht oft schon etwas Speck oder ein Stück Kasseler.

An der Fleischtheke lässt sich auch sparen! Bei Kochfleisch wählen Sie z. B. statt teurem Tafelspitz lieber Rinderbrust. Zum Kurzbraten statt Filet oder Rumpsteak ein saftiges Schnitzel, Frikadellen oder Bratwurst. Der Metzger Ihres Vertrauens wird bei der Wahl gerne behilflich sein und Ihnen raten, welches günstigere Stück sich für den gewünschten Zweck eignet. Bei Angeboten zugreifen und einfrieren.

Fisch

Hier lohnt es sich besonders, auf Sonderangebote zu achten! Günstig sind oft Süßwasserfische wie Forelle, Karpfen oder Pangasius. Bei Seefischen sollte man Sorten aus Beständen bevorzugen, die nicht überfischt sind, z. B. Seelachs (Köhler) und Sardine. Tiefgekühlter Fisch – in Stücken oder als Filet – ist praktisch, günstig und wird auch aus bestandserhaltender Fischerei, erkennbar am Bio- oder MSC-Siegel (Marine Stewardship Council), angeboten.

Öle & Fette

Mit einem neutralen, hochwertigen Öl (z. B. Rapsöl) zum Braten und einem kaltgepressten Olivenöl für die kalte Küche sind Sie bestens ausgerüstet. Hier auf Qualität achten, denn nur bei schonender Her-

stellung behalten Fette ihre wertvollen Inhalts-
stoffe.

Ob Sie Butter oder Margarine verwenden, bleibt
Ihrem Geschmack überlassen. Für beide gilt: Sie
haben etwa gleich viele Kalorien, deshalb nur in
Maßen verwenden! Für den Buttergeschmack am
Gemüse reicht schon ein gestrichener Teelöffel.
Wer auf seine Linie achten möchte, streicht fürs
Butterbrot unter Käse und Wurst öfter mal Senf,
Tomatenmark oder Kräuterquark.

Eier

Möglichst Eier aus ökologischer Erzeugung oder Freilandhaltung kaufen. Hier können Sie von einer artge-
rechten Haltung ausgehen. Woher die Eier stammen,
lässt sich auf dem Stempel ablesen. 0 = ökol. Erzeugung, 1 = Freilandhaltung, 2 = Bodenhaltung und 3 =
Käfighaltung. Die Buchstaben geben das Herkunfts-
land an (DE für Deutschland), die Zahlenkombination
steht für den Betrieb, aus dem die Eier kommen.

Käse

Statt dem teuren Gorgonzola kann man auch anderen Blauschimmelkäse nehmen. Risotto schmeckt
auch mit dem günstigeren Grana Padano oder
Bergkäse. Käse am Stück kostet meist weniger als
geriebener. Bei Sonderangeboten auch hier zugreifen! Harte Schnittkäse wie Gouda, Raclette etc. lassen sich prima einfrieren.

Desserts

Da braucht es keine Fertigprodukte – Sie lassen
sich schnell und einfach selber machen. Einige

Kräuter für die Fensterbank

Rezepte finden Sie im Buch. Und die Verpackung
ersparen Sie sich und der Umwelt auch noch.

Kräuterquark und Kräuterbutter

lassen sich ebenfalls fix selber herstellen. Mit tief-
gefrorenen Kräutern sogar das ganze Jahr! Für
Kräuterbutter 250 g weiche Butter und 4–5 EL
gehackte gemischte Kräuter verrühren. Mit Salz,
Pfeffer und Zitronensaft würzen. Zu einer Rolle
geformt und in Folie gewickelt lässt sie sich gut einfrieren. Passt prima zu gedünstetem Gemüse, Kurzgebratenem oder als Füllung für ein im Backofen
aufgebackenes Baguette.

Gewürze und Kräuter

Auch hier heißt es: auf Qualität achten und lieber
kleine Mengen kaufen. Gewürze, besonders
gemahlene, sind empfindlich gegen Licht und Wärme. Deshalb immer kühl und dunkel lagern und
zügig verbrauchen. Majoran, Thymian, Rosmarin,
Salbei, Basilikum oder Bohnenkraut schmecken am
besten frisch. Dill, Schnittlauch und Petersilie kann
man gut in Töpfchen ziehen. Alternativ zu tiefgekühlter Ware greifen bzw. selbst einfrieren.

Saisonkalender

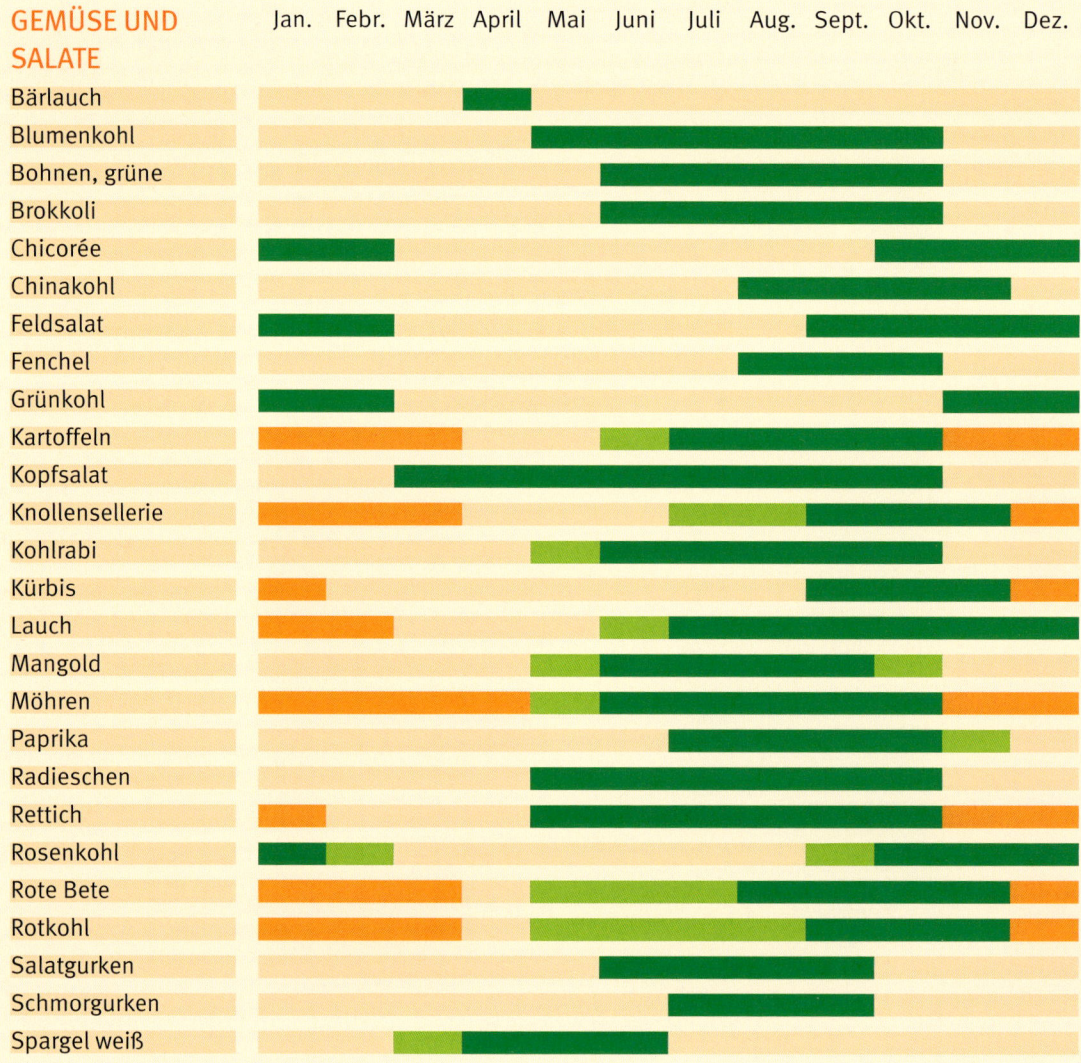

GEMÜSE UND SALATE	Jan.	Febr.	März	April	Mai	Juni	Juli	Aug.	Sept.	Okt.	Nov.	Dez.
Bärlauch												
Blumenkohl												
Bohnen, grüne												
Brokkoli												
Chicorée												
Chinakohl												
Feldsalat												
Fenchel												
Grünkohl												
Kartoffeln												
Kopfsalat												
Knollensellerie												
Kohlrabi												
Kürbis												
Lauch												
Mangold												
Möhren												
Paprika												
Radieschen												
Rettich												
Rosenkohl												
Rote Bete												
Rotkohl												
Salatgurken												
Schmorgurken												
Spargel weiß												

	Jan.	Febr.	März	April	Mai	Juni	Juli	Aug.	Sept.	Okt.	Nov.	Dez.
Spinat												
Spitzkohl												
Steckrüben												
Tomaten												
Weißkohl												
Wirsing												
Zucchini												
Zwiebeln												

OBST

Äpfel												
Birnen												
Brombeeren												
Erdbeeren												
Heidelbeeren												
Himbeeren												
Johannisbeeren												
Kirschen, süß												
Kirschen, sauer												
Pflaumen												
Quitten												
Rhabarber												
Trauben												
Zwetschen												

Hauptangebot aus heimischem Freiland   Geringes Angebot   Lagergemüse, -obst

Frühling

Erdbeerbrot

250 g Erdbeeren | 1 Bund Schnittlauch | 4 dicke
Scheiben Kastenweißbrot | 4–5 EL Doppelrahm-
Frischkäse | 150 g geräucherte Hähnchenbrust
(hauchdünn geschnitten) | Salz | Pfeffer | Kresse
zum Garnieren

Für 4 Personen | ⊕ 15 Min. Zubereitung
Pro Portion ca. 165 kcal, 12 g EW, 5 g F, 19 g KH

1 Die Erdbeeren waschen, putzen und, bis auf
2 Früchte zum Verzieren, in dünne Scheiben schneiden. Den Schnittlauch waschen, trocken schütteln
und in Röllchen schneiden.

2 Das Weißbrot mit Frischkäse bestreichen und
mit zwei Dritteln der Schnittlauchröllchen bestreu-
en. Erdbeeren und Hähnchenbrust darauf verteilen.
Mit Salz und Pfeffer würzen. Die restlichen Erdbeeren längs halbieren. Die Brote mit dem übrigen
Schnittlauch, der Kresse und den Erdbeerhälften
garnieren.

Schnelle Konfitüre

600 g Erdbeeren | 500 g Gelierzucker (1:1) |
1 Päckchen Zitronensäure (5 g)

Für 3–4 Gläser à 250 ml | ⊕ 25 Min. Zubereitung
Pro Glas (bei 4) ca. 550 kcal, 1 g EW, 1 g F, 133 g KH

1 Erdbeeren waschen, trocken tupfen und putzen.
500 g abwiegen und klein schneiden. In einer
Schüssel fein pürieren. Gelierzucker und Zitronensäure dazugeben, mit den Quirlen des Handrührgerätes (oder im Mixer) 20 Min. lang rühren, bis die
Konfitüre andickt.

2 Die Konfitüre in sterilisierte Twist-off-Gläser füllen, verschließen und im Kühlschrank aufbewahren.
Hält sich ca. 1 Monat.

PASST ZU

Die Konfitüre schmeckt auch als Sauce zu Milchreis,
Grießbrei oder Pfannkuchen. In Quark oder Joghurt
gerührt wird sie zum Dessert. Und mit kaltem Apfel-
oder Orangensaft zur Kaltschale.

Frühlingsfrischkäse

je 1 Bund Dill und Kerbel | 3 Becher körniger Frischkäse (à 200 g) | Salz | Pfeffer | ½ TL fein abgeriebene Schale von 1 Bio-Zitrone | 1 EL Zitronensaft | 2 Frühlingszwiebeln | 50 g geräucherter durchwachsener Speck | 2 EL Sonnenblumenkerne

Für 4 Personen | 🕐 20 Min. Zubereitung
Pro Portion ca. 90 kcal, 16 g EW, 16 g F, 4 g KH

1 Kräuter waschen, trocken schütteln, abzupfen und fein hacken. Mit Frischkäse verrühren. Mit Salz, Pfeffer, Zitronenschale und -saft würzen.

2 Frühlingszwiebeln putzen, waschen und sehr fein schneiden. Speck fein würfeln und knusprig ausbraten, auf Küchenpapier abtropfen lassen. Sonnenblumenkerne im heißen Fett goldbraun rösten. Herausnehmen. Frischkäse mit Kernen, Speck und Zwiebeln bestreuen. Zu Roggenbrot, Cracker oder Brotchips servieren.

Radi mit Senfdressing

1 Rettich (ca. 250 g) | 1 Bund Radieschen | 1 Zwiebel | 3 EL Apfelessig | 100 ml warme Gemüsebrühe | 2 EL süßer Senf | Salz | Pfeffer | 3–4 EL Sonnenblumenöl | ½ Bund Schnittlauch

Für 4 Personen | 🕐 20 Min. Zubereitung
Pro Portion ca. 115 kcal, 2 g EW, 11 g F, 3 g KH

1 Rettich putzen, schälen und in dünne Scheiben hobeln. Radieschen putzen, waschen und in dünne Scheiben schneiden. In einer Schüssel mischen.

2 Zwiebel schälen und fein würfeln. Essig und Brühe verquirlen, Senf und Zwiebel unterrühren. Mit Salz und Pfeffer würzen. Öl unterschlagen. Schnittlauch waschen, trocken schütteln und in Röllchen schneiden.

3 Rettich und Radieschen mit der Vinaigrette beträufeln, pfeffern und mit Schnittlauch bestreuen. Dazu schmecken Butterbrezeln.

gut vorzubereiten | unter 1 Euro

Reissalat mit Frühlingsgemüse

Dieser Salat ist schnell zubereitet und macht gute Laune – denn während die Zutaten durchziehen, können Sie auf dem Balkon entspannt die ersten Sonnenstrahlen genießen!

250 g Langkornreis
Salz | Pfeffer
1 Kohlrabi (ca. 500 g)
2 Möhren (ca. 200 g)
1 Bund Frühlingszwiebeln
5 EL Öl (z. B. Rapsöl)
200 g TK-Erbsen
200 ml warme Gemüsebrühe
3 EL Apfelessig
1 EL mittelscharfer Senf
150 g Fetakäse

Für 4 Personen
🕐 30 Min. Zubereitung | 30 Min. Ruhen
Pro Portion ca. 505 kcal, 15 g EW, 21 g F, 64 g KH

1 Den Reis in kochendem Salzwasser nach Packungsangabe garen. Kohlrabi und Möhren putzen, schälen und waschen. Kohlrabi in kleine Würfel, Möhren in dünne Scheiben schneiden. Frühlingszwiebeln putzen, waschen und in schräge Stücke schneiden.

2 2 EL Öl in einer großen beschichteten Pfanne erhitzen. Kohlrabi und Möhren darin bei mittlerer Hitze unter Wenden 5 Min. andünsten. Mit Salz und Pfeffer würzen. Die Frühlingszwiebeln und Erbsen 1 Min. mitdünsten. Alles mit 100 ml Brühe ablöschen und zugedeckt bei mittlerer Hitze 2 Min. garen.

3 Essig mit Salz, Pfeffer, Senf und 100 ml Brühe verrühren. 3 EL Öl unterrühren. Den Reis abgießen und gut abtropfen lassen. Gemüse und Reis in eine große Schüssel geben. Die Senf-Vinaigrette darübergeben und unterheben. Den Salat 30 Min. durchziehen lassen.

4 Den Reissalat mit Salz und Pfeffer abschmecken und anrichten. Den Fetakäse grob zerbröckeln und auf dem Salat verteilen. Mit Pfeffer bestreuen.

VARIANTE – ASIATISCH

3 EL Essig mit 100 ml Brühe und Pfeffer verrühren. 2–3 EL helle Sojasauce und 3 EL Öl unterrühren. 3 EL Sesamsamen in einer Pfanne ohne Fett goldbraun rösten. Herausnehmen und abkühlen lassen. 150 g Scheiben von gekochtem Schinken in Streifen schneiden. Gemüse, Reis und Vinaigrette vermengen. Den Salat durchziehen lassen. Zum Anrichten mit Schinken und Sesam bestreuen.

GUT ZU WISSEN – KOHLRABI

Kohlrabi ist das klassische Frühjahrsgemüse! Sein zarter Geschmack löst die kräftigen Wintergerichte ab und macht Lust auf wärmere Tage und knackiges Grün. Die Saison beginnt bei uns Anfang April. Zunächst werden die Knollen, um sie vor der Frühjahrskälte zu schützen, im Treibhaus angebaut. Später, wenn es wärmer wird, beginnt der Freilandanbau. Kohlrabi aus dem Treibhaus hat eine hellgrüne Farbe und ist besonders zart. Aus Freilandanbau schmeckt er kräftiger und kann eine blauviolette Farbe haben. Kohlrabi versteht sich am besten mit den zarten Frühlingskräutern, z. B. Estragon, Kerbel, Petersilie und Schnittlauch. Er mag aber auch die Gesellschaft von Spargel, Erbsen und Möhren.

Lauwarmer Kohlrabisalat zu Frikadellen

Im Frühling hat man Lust auf Leichtes – da kommt dieser raffinierte Gemüsesalat genau richtig! Und damit wirklich alle satt werden, gibt es selbst gemachte Frikadellen dazu.

750 g Kartoffeln | 2 Kohlrabi (ca. 800 g) |
1 große Zwiebel | 400 g gemischtes Hackfleisch |
½ TL getrockneter Majoran | Salz | Pfeffer |
4 EL Öl | ⅛ l Gemüsebrühe | 3 EL milder Essig
(z. B. Apfelessig) | 1 EL mittelscharfer Senf |
Zucker | 1 Bund Radieschen

Für 4 Personen | ⏲ 45 Min. Zubereitung
Pro Portion ca. 500 kcal, 26 g EW, 31 g F, 30 g KH

1 Die Kartoffeln waschen und mit Schale in kochendem Wasser in 20–25 Min. garen.

2 Währenddessen die Kohlrabi schälen, vierteln und in Spalten schneiden. Die Zwiebel schälen und fein würfeln. Das Hackfleisch mit der Hälfte der Zwiebel verkneten, mit Majoran, Salz und Pfeffer würzen. Aus der Hackmasse 4 Frikadellen formen. 2 EL Öl in einer beschichteten Pfanne erhitzen. Die Frikadellen darin bei mittlerer Hitze von beiden Seiten 5–6 Min. braten.

3 2 EL Öl in einem Topf erhitzen. Die restliche Zwiebel darin andünsten. Den Kohlrabi zugedeckt bei mittlerer Hitze 2 Min. mitdünsten. Die Brühe dazugießen, aufkochen und alles 2 Min. köcheln lassen. Essig und Senf verrühren und mit Salz, Pfeffer und 1 Prise Zucker würzen. Zum Kohlrabi geben, aufkochen lassen und alles vom Herd nehmen.

4 Die Radieschen putzen, waschen und in Scheiben schneiden. Die Kartoffeln abgießen, abschrecken, pellen und in Scheiben schneiden. Unter den Kohlrabi heben. Den Salat in eine Schüssel füllen, salzen, pfeffern und die Radieschen unterheben. Die Frikadellen dazu reichen.

schnell | unter 1,50 Euro

Curry-Nudel-Salat mit Spitzkohl

Der zarte Spitzkohl ist der erste Vertreter der Kohlfamilie im Jahr. Seine Blätter garen nur kurz und sind perfekt für die schnelle Salatküche.

200 g Nudeln (z. B. Mini-Penne) | Salz | Pfeffer | 4 Eier | 1 kleiner Spitzkohl (ca. 700 g) | 100 g Mayonnaise | 150 g Vollmilch-Joghurt | 1 EL Currypulver | Zucker | 100 g gekochter Schinken in Scheiben

Für 4 Personen | 🕐 30 Min. Zubereitung
Pro Portion ca. 440 kcal, 19 g EW, 22 g F, 41 g KH

1 Die Nudeln in einem großen Topf in reichlich kochendem Salzwasser nach Packungsangabe garen. Die Eier in Wasser in 10 Min. hart kochen. Den Spitzkohl putzen, waschen und in feine Streifen schneiden.

2 Den Kohl 2 Min. vor Garzeitende zu den Nudeln geben und mitgaren. Nudeln und Kohl abgießen, abschrecken und gut abtropfen lassen. Die Eier abschrecken und pellen.

3 Die Mayonnaise mit Joghurt und Curry verrühren. Mit Salz, Pfeffer und 1 Prise Zucker abschmecken. Den Schinken in Streifen schneiden. Nudeln, Kohl und Currysauce mischen und kurz ziehen lassen. Die Eier achteln. Schinken und Eier unter den Salat heben, mit Salz und Pfeffer abschmecken.

TIPP – SALAT TO GO
Fürs Picknick oder als leichtes Mittagessen im Büro den Salat am Tag vorher zubereiten. Dann vollständig auskühlen lassen und in einer verschließbaren Dose oder einem Glas im Kühlschrank aufbewahren.

gelingt leicht | unter 1 Euro

Möhrensuppe mit Mandel-Ingwer-Knusper

750 g Möhren | 500 g Kartoffeln
1 große Zwiebel | 1 Knoblauchzehe
4 EL Öl | 1,2 l Gemüsebrühe
50 g frischer Ingwer
100 g gehackte Mandeln
Salz | Pfeffer
½ TL Zucker
100 g Sahne

Für 4 Personen | 40 Min. Zubereitung
Pro Portion ca. 455 kcal, 11 g EW, 33 g F, 28 g KH

1 Möhren putzen, schälen und waschen. Kartoffeln schälen und waschen. Alles klein schneiden. Zwiebel und Knoblauch schälen und fein hacken. 2 EL Öl in einem großen Topf erhitzen, Zwiebel und Knoblauch darin andünsten. Möhren und Kartoffeln kurz mitdünsten. Die Brühe dazugießen und alles bei mittlerer Hitze 25 Min. köcheln lassen.

2 Den Ingwer schälen und fein hacken. Mandeln in einer Pfanne ohne Fett bei mittlerer Hitze goldbraun rösten. 2 EL Öl dazugeben und erhitzen. Ingwer darin kurz andünsten. Alles mit Salz, Pfeffer und Zucker würzen. Vom Herd nehmen.

3 Die Suppe fein pürieren. Die Sahne dazugießen, nochmal aufkochen lassen und mit Salz und Pfeffer würzen. Die Suppe mit den Mandel-Ingwer-Knuspern anrichten.

VORRATS-TIPP
Die Suppe lässt sich (ohne Mandel-Ingwer-Knusper) prima einfrieren!

macht satt | unter 1,50

Spargelsuppe mit Omelett

150 g getrocknete Spätzle
Salz | Pfeffer
750 g weißer Spargel (s. Tipp)
1 große Zwiebel | 1 Bund Schnittlauch
5 EL Rapsöl | 1,3 l Gemüsebrühe
150 g TK-Erbsen | 4 Eier

Für 4 Personen | 50 Min. Zubereitung
Pro Portion ca. 410 kcal, 18 g EW, 21 g F, 36 g KH

1 Spätzle nach Packungsangabe in kochendem Salzwasser garen, dann abgießen. Spargel schälen und in ca. 4 cm lange Stücke schneiden, die holzigen Enden abschneiden. Zwiebel schälen und sehr fein würfeln. Schnittlauch waschen und in feine Röllchen schneiden.

2 3 EL Öl in einem großen Topf erhitzen, die Zwiebel darin kurz andünsten. Brühe und Spargel dazugeben. Alles aufkochen und bei mittlerer Hitze 5–6 Min. köcheln lassen. TK-Erbsen 2 Min. mitgaren.

3 Eier verquirlen, salzen und pfeffern. Schnittlauch unterrühren. 2 EL Öl in einer Pfanne erhitzen und die Eiermasse darin zugedeckt bei schwacher Hitze stocken lassen. Das Omelett auf einen Teller geben und kurz abkühlen lassen. Klein schneiden. Spätzle und Omelett zur Suppe geben. Mit Salz und Pfeffer abschmecken.

GUT ZU WISSEN – SPARGEL
Spargel der Handelsklasse 2 oder Bruchspargel ist preiswert. Die Ware ist nicht schlechter, sondern wegen optischer Mängel deutlich günstiger.

für jeden etwas| unter 1,50 Euro

Omeletts mit Tomaten-Mozzarella-Füllung

Die herzhafte Eierspeise ist perfekt für hungrige Köche – schnell verquirlt und gebacken steht sie in 30 Minuten auf dem Tisch.

1 große Zwiebel
2 Knoblauchzehen
4 EL Öl
2 EL Tomatenmark
1 große Dose Tomaten (800 g)
Salz| Pfeffer | Zucker
1 TL getrocknete ital. Kräuter
250 g Mozzarella | 9 Eier

Für 4 Personen | ⊚ 30 Min. Zubereitung
Pro Portion ca. 450 kcal, 29 g EW, 34 g F, 6 g KH

1 Zwiebel und Knoblauch schälen. Die Zwiebel in feine Würfel schneiden, den Knoblauch fein hacken.

2 2 EL Öl in einem Topf erhitzen. Zwiebel und Knoblauch darin kurz andünsten. Tomatenmark dazugeben und kurz andünsten. Die Dosentomaten dazugeben, mit Salz, Pfeffer, 1 Prise Zucker und den Kräutern würzen. Alles offen bei mittlerer Hitze 15 Min. schmoren, die Tomaten dabei etwas zerkleinern. Den Mozzarella abtropfen lassen und in kleine Stücke schneiden.

3 Gleichzeitig für die Omeletts die Eier verquirlen und mit 1 TL Salz und Pfeffer würzen. 2 EL Öl in einer beschichteten Pfanne erhitzen und ein Viertel der Eiermasse hineingeben. Nach ca. 3 Min. das Omelett, wenn es fast gestockt ist, auf einen großen Teller gleiten lassen und wenden. 1–2 Min. weiterbacken. Aus der Pfanne nehmen und warm stellen. Aus übrigem Öl und Eiermasse 3 weitere Omeletts backen.

4 Die Schmortomaten auf den Omeletts verteilen, mit Mozzarella bestreuen und mit Salz und Pfeffer würzen. Die Omeletts zusammenklappen.

UND DAZU?
Baguette und/oder ein Salat schmecken gut dazu.

VARIANTE – MIT PUTENCURRY
300 g Putenschnitzel in Streifen schneiden. 1 Bund Frühlingszwiebeln putzen, waschen und in Stücke schneiden. 3 EL Öl in einer großen Pfanne erhitzen und das Fleisch darin unter Wenden 5 Min. braten. Mit Salz und Pfeffer würzen. Die Zwiebeln dazugeben und andünsten. 1 EL Currypulver darüberstäuben und kurz andünsten. Mit 200 ml warmer Brühe ablöschen, 200 g Schmand einrühren. 300 g TK-Erbsen dazugeben, alles aufkochen und 3 Min. köcheln lassen. Mit Salz, Pfeffer und Zucker abschmecken. 4 Omeletts wie oben beschrieben backen, füllen und zusammenklappen.

VARIANTE – MIT ORIENTALISCHER HACKFÜLLUNG
1 kleine Stange Lauch putzen, waschen und in Ringe schneiden. 3 Möhren schälen; waschen und in dünne Scheiben schneiden. 3 EL Öl erhitzen und 400 g gemischtes Hackfleisch darin krümelig braten. Mit Salz, Pfeffer und 1 TL Kreuzkümmel würzen, herausnehmen. Möhren, Lauch und 3 EL Rosinen in heißem Öl andünsten. Mit 300 ml Gemüsebrühe ablöschen, aufkochen und offen 5 Min. köcheln. Das Hackfleisch unterheben und aufkochen. 4 Omeletts wie links beschrieben backen, füllen und zusammenklappen.

raffiniert | unter 1,50 Euro

Frühlings-Bruschetta

1 großer Kohlrabi (ca. 600 g) | 2 Möhren
(ca. 250 g) | 1 Knoblauchzehe | 5 EL Olivenöl |
Salz | Pfeffer | 1 Bio-Zitrone | 1 Bund Dill |
50 g ital. Hartkäse im Stück (z. B. Grana Padano) |
12 Scheiben Ciabatta- oder Baguettebrot

Für 4 Personen
55 Min. Zubereitung | 30 Min. Kühlen
Pro Portion ca. 365 kcal, 13 g EW, 16 g F, 42 g KH

1 Kohlrabi und Möhren putzen, schälen und
waschen. Alles in kleine Würfel schneiden. Knoblauch schälen und fein hacken. 3 EL Öl in einer großen beschichteten Pfanne erhitzen. Das Gemüse
darin andünsten. Knoblauch dazugeben und mit
Salz und Pfeffer würzen. Alles zugedeckt bei schwacher Hitze in 20 Min. bissfest dünsten.

2 Die Zitrone waschen und abtrocknen. Die Schale
fein abreiben, die Zitrone halbieren und 1 Hälfte
auspressen. Den Dill waschen, trocken schütteln,
abzupfen und hacken. Zum Schluss Zitronenschale,
-saft und Dill zum Gemüse geben, unterheben und
alles vom Herd nehmen. Auskühlen lassen.

3 Den Käse reiben und unterheben. Alles mit Salz
und Pfeffer abschmecken. Die Brotscheiben toas-
ten und mit 2 EL Olivenöl beträufeln. Das Gemüse
auf den Broten verteilen und anrichten. Mit Pfeffer
würzen.

VARIANTE – MIT TOMATEN

Das ist das klassische Rezept: Für 4 Personen 6 mittelgroße Tomaten waschen, vierteln und entkernen. Fruchtfleisch in kleine Würfel schneiden. 6 Knoblauchzehen
schälen und halbieren. 12 Scheiben Ciabattabrot goldbraun rösten. Noch warm mit den Knoblauchzehen einreiben. 6 EL Olivenöl darüberträufeln. Die Tomatenwür-
fel auf den Broten verteilen und mit Salz und Pfeffer
würzen. Sofort servieren.

Quiche mit Ziegenkäse

4 Eier | 150 g Mehl | 250 g Speisequark (20 %
Fett) | 1 EL Senf | 80 g kalte Butter | Salz | Pfeffer |
250 g Champignons | 2 kleine Kohlrabi (ca.
500 g) | 5 Frühlingszwiebeln | 100 g geräucherter
durchwachsener Speck (am Stück) | 3 EL Öl |
100 g Ziegenfrischkäse | Fett für die Form

Für 1 Springform (26 cm ⌀)
◷ 1 Std. Zubereitung | 30 Min. Backen
Bei 8 Stücken pro Stück ca. 390 kcal, 15 g EW,
29 g F, 17 g KH

1 1 Ei trennen. Eigelb, Mehl, 100 g Quark, den
Senf, die Butter in Stückchen und 1 Prise Salz glatt
verkneten. Den Teig zugedeckt kalt stellen. Pilze
putzen und halbieren. Kohlrabi schälen, klein würfeln. Frühlingszwiebeln putzen, waschen, in Stücke
schneiden. Den Speck würfeln.

2 Den Backofen auf 200° vorheizen. Die Form fetten. Das Öl in einer Pfanne erhitzen. Den Speck
darin auslassen und herausnehmen. Pilze im heißen Fett 8 Min. braten. Salzen, pfeffern, herausnehmen. Kohlrabi und Frühlingszwiebeln in die heiße
Pfanne geben, kurz andünsten. Mit 125 ml Wasser
ablöschen. Mit Salz und Pfeffer würzen. 10 Min.
köcheln lassen, bis das Wasser vedampft ist. Speck
und Pilze unterheben. Alles vom Herd nehmen.

3 Den Teig in die Form drücken, dabei einen
2–3 cm hohen Rand formen. Die Gemüsemischung
darauf verteilen. 150 g Quark, 3 Eier und das Eiweiß
verquirlen. Mit Salz und Pfeffer würzen und über
das Gemüse geben. Den Käse in Stückchen darüber
verteilen. Die Quiche im Ofen (Mitte; Umluft 180°)
30 Min. backen.

AUSTAUSCH-TIPP

Die Quiche schmeckt auch mit Zucchini sehr lecker.
Dazu statt Kohlrabi 2 mittelgroße Zucchini (ca. 400 g)
putzen, waschen und in Würfel schneiden. Dann in der
Pfanne in nur 100 ml Wasser 5 Min. köcheln lassen.

für sonntags |gelingt leicht | unter 2 Euro

Gemüseplatte mit Schnitzeln

Dieses klassische Essen schmeckt der ganzen Familie. Und es ist fix gemacht: Alles steht in nur 35 Minuten auf dem Tisch.

800 g Kartoffeln
1 großer Kohlrabi (ca. 600 g)
1 Bund kleine Möhren (ca. 500 g)
1 Bund Frühlingszwiebeln
Salz | Pfeffer
4 kleine Schweineschnitzel (ca. 400 g)
2 EL Mehl
2 EL Öl
1 Packung Sauce hollandaise (Fertigprodukt)
abgeriebene Schale von ½ Bio-Zitrone

Für 4 Personen | ⏱ 35 Min. Zubereitung
Pro Portion ca. 680 kcal, 36 g EW, 36 g F, 57 g KH

1 Die Kartoffeln waschen und mit Schale in kochendem Wasser in 20–25 Min. garen. Den Kohlrabi schälen, halbieren und in Spalten schneiden. Die Möhren schälen, waschen und längs halbieren. Die Frühlingszwiebeln putzen und waschen.

2 In zwei weiten Töpfen Salzwasser aufkochen lassen. Die Möhren 8–10 Min., Kohlrabi und Frühlingszwiebeln zusammen 6 Min. garen.

3 Die Schnitzel trocken tupfen. Das Mehl in einen Teller geben. Die Schnitzel eventuell zwischen Frischhaltefolie etwas flacher klopfen und mit Salz und Pfeffer würzen. Im Mehl wenden. Das Öl in einer Pfanne erhitzen und die Schnitzel darin von beiden Seiten bei mittlerer Hitze 3–4 Min. braten.

4 Die Sauce hollandaise nach Packungsangabe erwärmen, Zitronenschale unterrühren. Die Kartof-feln abgießen, abschrecken und pellen. Das Gemüse abgießen und gut abtropfen lassen. Gemüse und Schnitzel auf einer vorgewärmten Platte anrichten. Zitronen-Hollandaise und Kartoffeln dazu reichen.

TIPP – SAUCE HOLLANDAISE SELBER MACHEN

200 g Butter schmelzen. 2 Eigelb und 3 EL trockenen Weißwein in einem Topf verquirlen. Den Topf über ein heißes Wasserbad setzen und so lange mit dem Schneebesen schlagen, bis die Masse dicklich ist. Die Butter zuerst tröpfchenweise, dann in einem dünnen Strahl unter ständigem Rühren unterschlagen. Die Sauce mit Salz, Pfeffer und 1–2 TL Zitronensaft würzen. Diese klassische Sauce lässt sich mit gehackten Kräutern, Senf oder Orangenschale ganz unkompliziert variieren.

AUSTAUSCH-TIPPS

Etwas rustikaler wird es, wenn Sie das Gemüse zu Frikadellen (Seite 16) oder Bratwürsten servieren. Oder zu gebratenem Fisch.

Für eine vegetarische Variante kombinieren Sie das Gemüse mit wachsweich gekochten Eiern oder Rührei mit Kräutern (Seite 41).

UND DAZU?

Statt Hollandaise schmeckt eine selbst gemachte Mandelbutter zum Gemüse. Dazu für 4 Personen 100 g gehackte Mandeln in einer Pfanne ohne Fett goldbraun rösten, bis sie duften. Dann bei schwacher Hitze 150 g Butter dazugeben und schmelzen lassen. Mit Salz und 1 Spritzer Zitronensaft würzen.

orientalisch | unter 1 Euro

Couscous-Hackfleisch-Pfanne mit Dip

200 g Instant-Couscous
Salz | Pfeffer
1 TL gemahlener Kreuzkümmel
500 g Möhren
1 Bund Frühlingszwiebeln
3 EL Öl | 250 g gemischtes Hackfleisch
250 g Vollmilch-Joghurt
3 Stängel Minze oder glatte Petersilie

Für 4 Personen | 🕙 35 Min. Zubereitung
Pro Portion ca. 470 kcal, 22 g EW, 23 g F, 43 g KH

1 Couscous in eine Schüssel geben und mit ½ TL Salz und dem Kreuzkümmel vermengen. Gleichmäßig mit ¼ l kochendem Wasser übergießen und quellen lassen.

2 Möhren putzen, schälen, waschen und längs halbieren. Möhren in Scheiben schneiden. Frühlingszwiebeln putzen, waschen und in Stücke schneiden.

3 Öl in einer beschichteten Pfanne erhitzen, Hackfleisch darin krümelig braten. Mit Salz und Pfeffer würzen, herausnehmen. Möhren im Bratfett zugedeckt bei schwacher Hitze 5 Min. dünsten. Frühlingszwiebeln kurz mitdünsten. Mit Salz und Pfeffer würzen. 125 ml Wasser dazugießen, alles aufkochen und 3 Min. garen.

4 Den Joghurt glatt rühren, salzen und pfeffern. Die Minze waschen, trocken schütteln, hacken und unter den Joghurt rühren. Couscous mit einer Gabel auflockern. Hack unter das Gemüse heben und nochmal erhitzen. Mit Couscous und Joghurt anrichten.

vegetarisch | unter 1,50 Euro

Spinatcurry zu Reis

200 g Langkornreis
Salz | Pfeffer
1 kg Blattspinat
1 Gemüsezwiebel
1 Knoblauchzehe
4 EL Öl
30 g Mehl
1 gehäufter EL Currypulver
½ l heiße Gemüsebrühe
200 g Sahne
50 g Sonnenblumenkerne

Für 4 Personen | 🕙 40 Min. Zubereitung
Pro Portion ca. 580 kcal, 14 g EW, 34 g F, 56 g KH

1 Den Reis in kochendem Salzwasser nach Packungsangabe garen. Den Spinat putzen und waschen. Portionsweise in kochendem Salzwasser ca. 2 Min. blanchieren und abtropfen lassen.

2 Zwiebel und Knoblauch schälen. Die Zwiebel in dünne Spalten schneiden, den Knoblauch hacken. Das Öl in einem weiten Topf erhitzen. Zwiebel und Knoblauch darin kurz andünsten. Mit Mehl und Curry bestäuben, kurz weiterdünsten. Unter Rühren mit Gemüsebrühe und Sahne ablöschen. Alles aufkochen und 5 Min. köcheln lassen. Den Spinat dazugeben und erhitzen. Spinatcurry mit Salz und Pfeffer abschmecken.

3 Sonnenblumenkerne in einer Pfanne ohne Fett bei mittlerer Hitze goldbraun rösten. Den Reis abgießen und abtropfen lassen. Reis und Spinatcurry anrichten und mit gerösteten Sonnenblumenkernen bestreuen.

für Gäste | raffiniert | unter 2 Euro

Gefüllter Putenrollbraten zu Tomatenreis

Dieser saftige Braten hat das Zeug zum Lieblingsessen – lecker gefüllt mit Kräutern und Mandeln schmeckt er großen und kleinen Fleischfans.

5 EL Öl
100 g gemahlene Mandeln
je 1 Bund Schnittlauch, Petersilie und Basilikum
1 Ei
Salz | Pfeffer
1 kg Putenbrust
1 große Zwiebel
400 ml Geflügelbrühe
200 g Langkornreis
2 EL Tomatenmark
2 EL Ketchup
1 TL Speisestärke

Für 4–6 Personen
◷ 30 Min. Zubereitung | 1 Std. Schmoren
Bei 6 Personen pro Portion ca. 520 kcal, 53 g EW, 21 g F, 30 g KH

1 Den Backofen auf 180° vorheizen. 2 EL Öl in einer Pfanne erhitzen und die Mandeln darin goldbraun rösten. Herausnehmen und abkühlen lassen. Die Kräuter waschen, trocken tupfen, abzupfen und fein hacken. Mandeln, Kräuter und Ei vermengen. Mit Salz und Pfeffer würzen.

2 Das Fleisch trocken tupfen und der Länge nach eine tiefe Tasche einschneiden. Die Putenbrust aufklappen und zwischen Klarsichtfolie etwas flacher klopfen. Das Fleisch mit Salz und Pfeffer würzen. Kräuter-Mandel-Mischung auf dem Fleisch verteilen. Das Fleisch aufrollen und mit Küchengarn binden. Die Zwiebel schälen und fein würfeln.

3 2 EL Öl in einem Bräter erhitzen und das Fleisch darin rundherum kräftig anbraten. Die Zwiebel kurz mitbraten. Die Brühe dazugießen und den Braten im Ofen (Mitte, Umluft 160°) 1 Std. schmoren, dabei einmal wenden.

4 Den Reis nach Packungsangabe in Salzwasser kochen. Abgießen und abtropfen lassen. 1 EL Öl erhitzen. Tomatenmark und Ketchup verrühren und im Öl andünsten. Den Reis untermischen, mit Salz und Pfeffer würzen. Den Braten aus dem Bräter nehmen. Stärke und 1 EL Wasser verrühren und in den Bratenfond rühren. Aufkochen lassen und mit Salz und Pfeffer abschmecken.

GETRÄNKE-TIPP
Dazu schmeckt ein kühler Roséwein.

AUSTAUSCH-TIPPS
Bei der Kräuterfüllung können Sie nach Herzenslust variieren! Auch gehackter Rosmarin, Thymian oder Bärlauch schmecken in der Füllung lecker. Wenn's mal ganz schnell gehen muss, einfach 2 EL getrocknete italienische Kräuter mit Mandeln und Ei vermengen.

VARIANTE – FLEISCHRÖLLCHEN
Die Füllung auf dünn geschnittene Schnitzelchen streichen. Das Fleisch aufrollen und anbraten. Mit je 100 ml Fleischbrühe und Sahne aufgießen und 10 Min. köcheln lassen.

gelingt leicht | unter 1,50 Euro

Makkaroni-Schinken-Auflauf mit Käsesauce

350 g kurze Makkaroni | Salz | Pfeffer | 60 g But-
ter | 60 g Mehl | 350 ml Gemüsebrühe | 350 ml
Milch | 150 g Gouda | frisch geriebene Muskat-
nuss | 200 g gekochter Schinken in Scheiben |
3 Stängel Petersilie | Fett für die Form

Für 4 Personen
⊙ 30 Min. Zubereitung | 35 Min. Backen
Pro Portion ca. 750 kcal, 34 g EW, 32 g F, 81 g KH

1 Die Makkaroni in Salzwasser nach Packungsangabe bissfest kochen. Für die Béchamelsauce die
Butter in einem Topf erhitzen, das Mehl einrühren
und kurz anschwitzen. Brühe und Milch unterrühren.
Die Sauce aufkochen und 5 Min. köcheln lassen.

2 Den Backofen auf 180° vorheizen. Eine Auflaufform fetten. Den Käse reiben und 100 g in die Sauce rühren, mit Salz, Pfeffer und Muskat abschmecken, vom Herd nehmen. Den Schinken in Streifen

schneiden. Die Petersilie waschen, trocken tupfen,
abzupfen und fein hacken.

3 Die Nudeln abgießen und gut abtropfen lassen.
Nudeln, Schinken und Petersilie mischen und in die
Form geben. Die Käsebéchamel darübergießen und
mit dem übrigen Käse bestreuen. Den Auflauf im
Ofen (Mitte, Umluft 160°) 35 Min. backen.

GUT ZU WISSEN – KOCHSCHINKEN

Hier unterscheidet man zwischen Schinken, die am
Stück gekocht werden und Sorten, die aus Fleischstü-
cken bestehen. Diese werden in Form gepresst und
dann zubereitet. Die Schinken im Stück erkennt man an
ihrer natürlichen Fleischstruktur. Kochschinken hat
einen Fettgehalt von 1–3 % und ist so viel kalorienärmer
als andere Wursterzeugnisse wie z. B. Salami, Mettwurst
oder Streichwürste.

frühlingsfrisch | besonders | unter 2 Euro

Gesottenes Rindfleisch mit Kräutersauce

1 große Zwiebel | 1 kg Rinderbrust | 1 Lorbeer-
blatt | 3 Wacholderbeeren | Salz | Pfeffer |
1 kg Kartoffeln | je 1 Bund Schnittlauch, Kerbel
und Dill | 250 g Schmand | 250 g Vollmilch-
Joghurt | Zucker | 1 EL Zitronensaft

Für 4–6 Personen
2½ Std. Zubereitung
Bei 6 Personen pro Portion ca. 520 kcal, 40 g EW,
29 g F, 24 g KH

1 Die Zwiebel ungeschält halbieren und die Schnitt-
flächen auf dem Boden eines großen Topfes ohne
Fett anrösten. Das Fleisch waschen. 2 l kaltes Wasser
in den Topf gießen. Das Fleisch hineingeben, eventuell noch Wasser angießen (es sollte mit Wasser
knapp bedeckt sein). Lorbeerblatt und Wacholder-
beeren dazugeben. Mit Salz und Pfeffer würzen.
Alles offen aufkochen, dabei den entstehenden
Schaum immer wieder abschöpfen. Das Fleisch bei
schwacher Hitze halb zugedeckt in 2 Std. gar ziehen
lassen.

2 Die Kartoffeln waschen und mit Schale in
kochendem Wasser in 20–25 Min. garen. Die Kräuter waschen und trocken schütteln. Den Schnittlauch in feine Röllchen schneiden. Dill und Kerbel
abzupfen und fein hacken. Schmand und Joghurt
verrühren. Mit Salz, Pfeffer, 1 Prise Zucker und Zitronensaft würzen. Die Kräuter unterheben.

3 Die Kartoffeln abgießen, abschrecken und pellen. Das Fleisch aus dem Topf nehmen, abtropfen
lassen und in Scheiben schneiden. Fleisch, Kartoffeln und Kräutersauce anrichten.

GUT ZU WISSEN – RINDFLEISCH

Klassisches Kochfleisch sind Querrippe, Hohe Rippe und
Beinscheibe. Eine preiswerte Alternative ist neben der
Rinderbrust der Nacken, der zum Braten ebenfalls gut
geeignet ist. Auch die etwas in Vergessenheit geratene
Rinderbacke gibt ein gutes Stück Kochfleisch ab, muss
aber lange geschmort werden. Sie muss beim Metzger
vorbestellt werden.

schnell | unter 1 Euro

Zitronengnocchi mit Bärlauch-Käse-Sauce

400 g Gnocchi (Kühlregal)
Salz | Pfeffer
1 Zwiebel | 1 Bio-Zitrone
1 EL Öl
100 g Doppelrahmfrischkäse
100 g Sahne
200 ml Gemüsebrühe
50 g Bärlauch (s. Tipps)

Für 4 Personen | ⏲ 20 Min. Zubereitung
Pro Portion ca. 245 kcal, 4 g EW, 19 g F, 15 g KH

1 Gnocchi nach Packungsangabe in Salzwasser garen. Abgießen und abtropfen lassen. Inzwischen Zwiebel schälen und fein würfeln. Zitrone waschen, abtrocknen und die Schale abreiben. Öl in einem Topf erhitzen, Zwiebel kurz andünsten. Frischkäse, Sahne und Brühe dazugeben und langsam unter Rühren aufkochen.

2 Den Bärlauch putzen, waschen, trocken schütteln und fein hacken. Bärlauch und die Zitronenschale in die Sauce rühren. Aufkochen und mit Salz und Pfeffer würzen. 1 EL Zitronensaft auspressen. Die Sauce damit abschmecken. Gnocchi in die heiße Sauce geben und darin erhitzen. Gnocchi anrichten.

AUSTAUSCH-TIPPS
Die Frischkäsesauce schmeckt auch mit Basilikum, Schnittlauch oder Petersilie. Oder mit Ihren Lieblingskräutern. Etwas feiner: Streifen vom Räucherlachs mit 1 Bund gehacktem Dill in die Sauce rühren. Lecker!

schmeckt der Familie | unter 1 Euro

Kartoffelomelett mit Frühlingsquark

600 g Kartoffeln
1 große Zwiebel
3 EL Öl
Salz | Pfeffer | 8 Eier
500 g Speisequark (20 % Fett)
3 EL Milch | Zucker
je 1 Bund Schnittlauch und Petersilie
1 Bund Radieschen
½ Salatgurke

Für 4 Personen | ⏲ 1 Std. Zubereitung
Pro Portion ca. 480 kcal, 33 g EW, 27 g F, 26 g KH

1 Kartoffeln schälen, waschen und in kleine Würfel schneiden. Zwiebel schälen und würfeln. Das Öl in einer großen beschichteten Pfanne erhitzen. Kartoffeln und Zwiebeln darin unter gelegentlichem Wenden 15 Min. braten. Mit Salz und Pfeffer würzen.

2 Eier verquirlen und mit Salz und Pfeffer würzen. Über die Kartoffeln gießen und alles zugedeckt bei schwacher Hitze in 20 Min. stocken lassen.

3 Quark mit Milch glatt rühren und mit Salz, Pfeffer und Zucker würzen. Kräuter waschen und trocken schütteln. Schnittlauch in Röllchen schneiden. Petersilie abzupfen und fein hacken. Radieschen putzen, waschen und in Scheiben schneiden. Gurke schälen, längs halbieren und entkernen. Gurke fein würfeln.

4 Kräuter und Gemüse unter den Quark heben, salzen und pfeffern. Das Omelett vierteln, alles anrichten.

für Leckermäuler | fruchtig | unter 1 Euro

Kokosgrießnocken auf Erdbeercarpaccio

1 Ei | 400 ml Milch | 1 Päckchen Vanillinzucker |
60 g Grieß | 2 EL Kokosflocken | 300 g Erdbeeren |
1 EL Zitronensaft | 1 EL flüssiger Honig | Puder-
zucker zum Bestäuben

Für 4 Personen | ⏱ 20 Min. Zubereitung
Pro Portion ca. 220 kcal, 7 g EW, 9 g F, 28 g KH

1 Das Ei trennen. Das Eiweiß mit den Quirlen des
Handrührgerätes steif schlagen. Die Milch mit Vanillinzucker in einem Topf aufkochen. Grieß und Kokosflocken mischen und unter Rühren einstreuen. Aufkochen lassen und das Eigelb zügig unterrühren.

2 Grießbrei auf dem ausgeschalteten Herd (s. Tipp)
unter Rühren 3 Min. quellen lassen. Den Eischnee
unterheben. Den Brei abkühlen lassen.

3 Die Erdbeeren waschen, putzen und in Scheiben
schneiden. Zitronensaft und Honig verrühren. Vier
Schalen mit Beeren auslegen, mit Zitronenhonig beträufeln. Aus dem Grießbrei Nocken abstechen, auf
die Erdbeeren setzen. Mit Puderzucker bestäuben.

EINKAUFS-TIPP – ERDBEEREN

Hier heißt es auf Draht zu sein, die Preise wechseln
manchmal täglich. Der günstigste Einkauf wartet sicher
auf Sie auf den Plantagen in Ihrer Umgebung.

TIPP

Wenn Sie einen Gasherd nutzen, lassen Sie den Grießbrei bei ganz schwacher Hitze quellen. Ein Metallgitter
unter dem Topf reduziert die Hitze noch mehr.

VARIANTEN

Die Nocken schmecken auch lecker zu Kiwi, Ananas,
Pfirsich oder Nektarine. Oder zu der selbst gemachten
Schokosauce von Seite 90.

Die kleinen roten Beeren sind vielseitig. Probieren Sie
sie doch mal pikant! Zum Beispiel klein geschnitten mit
Putenbrustaufschnitt, Rucola, Frühlingszwiebeln und
Mozzarella. Dazu eine Vinaigrette mit grünem Pfeffer
aus dem Glas. Toll für Gäste!

Klassiker | unter 1 Euro

Rhabarbergrütze mit Vanillesauce

750 g Rhabarber | 400 ml Apfelsaft | 1 EL Zitronensaft | 50 g Zucker | 40 g Speisestärke | ¼ l kalte Milch | 1 Päckchen Vanillesoße ohne Kochen (für 250 ml Milch)

Für 4 Personen
🕐 20 Min. Zubereitung | 1 Std. Kühlen
Pro Portion ca. 225 kcal, 3 g EW, 2 g F, 47 g KH

1 Den Rhabarber putzen, schälen und in Stücke schneiden. Apfelsaft, Zitronensaft, Zucker und Rhabarber aufkochen und bei mittlerer Hitze in 5 Min. weich kochen. Speisestärke und 2 EL kaltes Wasser verrühren und zum Rhabarber geben. Aufkochen lassen und 1 Min. köcheln lassen. Die Grütze vom Herd nehmen und auskühlen lassen.

2 Milch in eine Schüssel geben. Soßenpulver mit einem Schneebesen einrühren und 1 Min. kräftig durchrühren. Kalt stellen. Grütze und Sauce anrichten.

mögen Kinder gern | unter 1 Euro

Erdbeersalat mit Götterspeise

1 Beutel Götterspeise »Zitronengeschmack« (für 500 ml Flüssigkeit) | 80 g + 2 EL Zucker | 200 ml Apfelsaft | 250 g Erdbeeren | 2 EL Zitronensaft | 1 EL gehackte Minze

Für 4 Förmchen à 150 ml
🕐 15 Min. Zubereitung | 5 Std. Kühlen
Pro Portion ca. 170 kcal, 2 g EW, 0 g F, 38 g KH

1 Götterspeisenpulver und 80 g Zucker in einem Topf mischen. Apfelsaft und 200 ml Wasser unterrühren. Unter Rühren erhitzen, bis sich der Zucker gelöst hat (nicht kochen lassen). Vier Förmchen kalt ausspülen. Die Flüssigkeit eingießen. Abgedeckt mindestens 5 Std. kalt stellen.

2 Erdbeeren waschen, putzen und klein schneiden. 2 EL Zucker und Zitronensaft verrühren. Erdbeeren, Saft und Minze vermengen. Bis zum Servieren kalt stellen. Förmchen nacheinander kurz in heißes Wasser stellen, stürzen. Mit Erdbeersalat anrichten.

Was Oma schon wusste

Saisontipps

Bärlauch – erstes Grün Der wilde Knoblauch wächst jetzt üppig in Wäldern, Parks und Gärten. Sie brauchen nur – abseits von Straßen und Hundewiesen – zuzugreifen und ihn in luftigen Stoffbeuteln nach Hause zu transportieren. Dann möglichst schnell verarbeiten. Er schmeckt köstlich in Quark, gehackt in Salaten oder Fleischsaucen. Für empfindliche Mägen besser kurz vorgaren.

Kräuter ziehen Das geht ganz einfach in Töpfchen auf Fensterbrett und Balkon oder im eigenen Garten – und günstig ist es noch dazu.

Spargel – fein in Schale Die Schalen nicht wegwerfen, sondern mit den Stangen mitkochen. Aus dem Sud lässt sich eine aromatische Suppe zubereiten (s. Seite 18). Die Suppe oder den Sud kann man einfrieren und so die Saison verlängern.

Kälteschlaf für Beeren Erdbeeren sind empfindlich und halten sich nur 1–2 Tage frisch. Deshalb nur so viel kaufen oder pflücken, wie man essen bzw. verarbeiten kann. Bei günstigen Angeboten lohnt es sich aber, zuzugreifen und die kleinen Früchte einzufrieren. Dazu waschen, putzen und vorsichtig trocknen. Auf einem Tablett oder Teller ausbreiten und vorgefrieren, dann in Beutel oder Gefrierbehälter füllen.

Küchentipps

Fleischreste Wenn von gekochtem Fleisch etwas übrig ist: Mit Gewürzgurken, Zwiebeln, Kräutern und in Scheiben geschnittenen Pellkartoffeln wird ein sättigender Fleischsalat daraus. Klappt auch toll mit den Resten vom Brathähnchen.

Gute Suppe Übrige Pfannkuchen in Streifen schneiden und als Suppeneinlage verwenden. Macht Suppe gehaltvoller und schmeckt!

Semmelbrösel herstellen Trockenes Brot oder Brötchen nicht wegwerfen, daraus lassen sich Semmelbrösel reiben. Mit getrockneten Kräutern, Paprika, Currypulver oder geriebenem Käse gemischt ergibt es raffinierte Panaden für Schnitzel und Fisch.

Doppelt lange gut Reis oder Nudeln als Beilage gleich in doppelter Menge kochen, so spart man Energie und kann am nächsten Tag z. B. einen leckeren Reissalat zubereiten (s. Seite 14).

Rumtopf

Mit den ersten heimischen Erdbeeren geht's los: 500 g Erdbeeren waschen, putzen und mit 500 g Zucker und 1 Stange Zimt in einen Steinguttopf mit Deckel geben. Vorsichtig vermengen, mit Rum bedecken. Eventuell mit einem Teller beschweren. Dann geschlossen, kühl und dunkel lagern. Immer wieder Rum nachfüllen, wenn die Früchte nicht mehr bedeckt sind. Im Sommer kommen Kirschen und Pfirsiche dazu; die letzten Früchte sind Pflaumen und im Oktober Birnen. Ab August mit den Früchten nur noch 250 g Zucker dazugeben. Ab Dezember zu Pudding, Eis und Vanillesauce servieren!

Rhabarber-Chutney

Bärlauch-Mandel-Pesto

Rhabarber-Chutney

Für 4 Gläser à 250 ml

1 rote Chilischote | 750 g Rhabarber | 150 g Zwiebeln | 2 Knoblauchzehen | 4 EL Öl | 1 EL Currypulver | 100 g Rosinen | 5 EL Apfelessig | 150 g Zucker | Salz | Pfeffer

Chili waschen, entkernen und fein hacken. Rhabarber putzen, waschen, in Stücke schneiden. Zwiebeln und Knoblauch schälen. Zwiebeln längs halbieren und quer fein schneiden. Knoblauch fein würfeln. Öl in einem Topf erhitzen, Knoblauch und Zwiebeln andünsten. Curry, Chili und Rosinen kurz mitdünsten. Mit Essig, Rhabarber und Zucker offen bei mittlerer Hitze 30 Min. garen. Salzen und pfeffern. Heiß in vorbereitete Twist-off-Gläser füllen, diese auf den Deckel stellen. Nach 10 Min. umdrehen, auskühlen lassen. Passt zu Geflügel, Fisch, Bratenaufschnitt und Käse.

Erdbeer-Rhabarber-Konfitüre

Für 4 Gläser à 250 ml

600 g Erdbeeren | 800 g Rhabarber | 500 g Gelierzucker 1:2 | 1 Päckchen Vanillinzucker | Schale und Saft von ½ Bio-Zitrone

Erdbeeren und Rhabarber waschen, putzen und in ca. 1 cm kleine Stücke schneiden. Je 500 g abwiegen und mit allen anderen Zutaten in einem großen Topf mischen. Bei mittlerer Hitze aufkochen und 3 Min. sprudelnd kochen. Zitronenschale entfernen und die Konfitüre sofort in vorbereitete Twist-off-Gläser füllen, diese auf den Deckel stellen. Nach 10 Min. umdrehen und auskühlen lassen.

Bärlauch-Mandel-Pesto

Für 4 Gläser à 250 ml

200 g gemahlene Mandeln | 150 g ital. Hartkäse (z. B. junger Grana Padano) | 300 g Bärlauch | 400 ml Olivenöl | Salz | Pfeffer

Mandeln in einer Pfanne ohne Fett bei mittlerer Hitze unter Rühren goldbraun rösten, auskühlen lassen. Käse grob reiben. Bärlauch putzen, waschen und trocknen. Grob hacken, mit Käse und Mandeln fein pürieren, dabei Olivenöl dazugießen. Pesto salzen und pfeffern. In Schraubgläser füllen und kühl und dunkel lagern. Schmeckt toll zu Nudeln, Fisch oder Geflügel.

Sommer

Crunchy Beerenjoghurt

500 g Vollmilchjoghurt | 5–6 EL Zucker | 1 Päck-chen Vanillinzucker | 250 g gemischte Sommer-beeren | 5 EL Haferflocken

Für 4 Personen | ⏲ 20 Min. Zubereitung
Pro Portion ca. 240 kcal, 6 g EW, 6 g F, 41 g KH

1 Den Joghurt mit 3–4 EL Zucker und dem Vanillin-zucker glatt verrühren. Die Beeren putzen, even-tuell waschen und kleiner schneiden.

2 Die Haferflocken in einer trockenen Pfanne gold-braun rösten. 2 EL Zucker darüberstreuen und unter Wenden schmelzen lassen. Die Flocken aus der Pfanne nehmen und auf einem Teller auskühlen lassen.

3 Joghurt und Beeren in Gläser schichten. Hafer-flocken darauf verteilen. Sofort servieren.

Himbeer-Buttermilchshake

300 g Himbeeren | ¼ l Buttermilch | ¼ l Milch | 3 EL Kokosflocken | 5–6 EL flüssiger Honig | abge-riebene Schale von ½ Bio-Zitrone

Für 4 Personen
⏲ 10 Min. Zubereitung | 10 Min. Kühlen
Pro Portion ca. 200 kcal, 6 g EW, 7 g F, 28 g KH

1 Die Himbeeren verlesen und einige zum Verzie-ren beiseitelegen. Buttermilch und Milch mit 2 EL Kokosflocken, Honig und Zitronenschale pürieren. Etwa 10 Min. kalt stellen.

2 Den Shake in vier Gläser verteilen und mit den restlichen Himbeeren und den übrigen Kokosflo-cken dekorieren.

AUSTAUSCH-TIPPS

Schmeckt auch mit anderen Sommerfrüchten wie Pfirsi-chen und Nektarinen. Diese aber vorher häuten: die Scha-le kreuzweise einritzen und die Früchte mit kochendem Wasser überbrühen. Schälen und Fruchtfleisch würfeln.

raffiniert | herzhaft | unter 1 Euro

Käse-Carpaccio

250 g Gouda in dünnen Scheiben | 3 Frühlings-
zwiebeln | 1 Beet Kresse | 3 Stängel Basilikum |
3 EL Apfelessig | Salz | Pfeffer | 1 TL flüssiger
Honig | 4 EL Öl | 2 Tomaten

Für 4 Personen | ⊙ 20 Min. Zubereitung
Pro Portion ca. 325 kcal, 15 g EW, 28 g F, 3 g KH

1 Käse entrinden und fächerförmig auf einer Platte anrichten. Frühlingszwiebeln putzen, waschen
und in feine Ringe schneiden. Kresse vom Beet
schneiden. Basilikum waschen, trocken schütteln,
abzupfen und in Streifen schneiden.

2 Essig mit Salz, Pfeffer und Honig verrühren. Öl
unterrühren. Tomaten waschen, halbieren und die
Stielansätze und Kerne entfernen. Fruchtfleisch fein
würfeln.

3 Frühlingszwiebeln, Kräuter und Tomaten auf
dem Käse verteilen. Die Vinaigrette darüberträufeln. Dazu schmeckt herzhaftes Bauernbrot.

Klassiker | unter 1 Euro

Eier im Glas

6 Eier | 1 Bund Schnittlauch | ½ Beet Kresse |
4 TL Butter | Salz | Pfeffer

Für 4 Personen | ⊙ 10 Min. Zubereitung
Pro Portion ca. 205 kcal, 11 g EW, 18 g F, 1 g KH

1 Die Eier in kochendem Wasser in 5–6 Min.
wachsweich kochen. Den Schnittlauch waschen,
trocken tupfen und in feine Röllchen schneiden. Die
Kresse vom Beet schneiden. Vier hitzefeste Gläser
mit heißem Wasser füllen.

2 Die Eier abgießen, abschrecken und pellen. Die
Gläser abtrocknen. 2 Eier halbieren. Je 1 ganzes Ei
und 1 Eihälfte in den Gläsern verteilen. Ganze Eier
mit einem Messer einschneiden und etwas Butter
hineingeben. Die restliche Butter auf die Eierhälf-
ten geben. Alles mit Salz und Pfeffer würzen.
Schnittlauch und Kresse darauf verteilen. Die Eier
sofort servieren. Dazu schmeckt Buttertoast.

schmeckt nach Sommer | unter 1,50 Euro

Bauernsalat mit Pute

2 Paprikaschoten (z. B. rot und gelb)
4 mittelgroße Tomaten
1 Salatgurke
1 kleine Gemüsezwiebel
½ Kopfsalat (z. B. Eisbergsalat)
½ Bund Petersilie
250 g Putenbrust
5 EL Öl (z. B. Olivenöl)
Salz | Pfeffer
3–4 EL Weißweinessig
50 g schwarze Oliven

Für 4 Personen | ⏲ 25 Min. Zubereitung
Pro Portion ca. 250 kcal, 18 g EW, 15 g F, 12 g KH

1 Paprika putzen, vierteln, waschen und in Streifen schneiden. Tomaten waschen, in Achtel schneiden und dabei die Stielansätze entfernen. Gurke schälen und in Scheiben schneiden. Zwiebel schälen und in sehr dünne Ringe hobeln oder schneiden. Salat putzen, waschen, abtropfen lassen und in Stücke zupfen. Petersilie waschen, trocken schütteln, abzupfen und fein hacken.

2 Das Fleisch trocken tupfen und in Würfel schneiden. 1 EL Öl erhitzen, die Fleischwürfel darin rundherum in 5–7 Min. goldbraun braten. Mit Salz, Pfeffer würzen, Petersilie unterheben. Das Fleisch vom Herd nehmen.

3 Essig mit Salz und Pfeffer würzen, 4 EL Öl unterrühren. Paprika, Tomaten, Gurke, Zwiebel und Salat mit der Vinaigrette vermengen. Salat auf Tellern anrichten. Gebratene Pute und Oliven darauf verteilen. Mit Pfeffer würzen. Dazu schmeckt Baguette.

herrlich frisch | unter 1,50 Euro

Nudelsalat mit Melone

200 g Nudeln (z. B. Penne)
Salz | Pfeffer | 5 Tomaten
½ Zuckermelone (z. B. Honigmelone)
2 Knoblauchzehen
1 Bund Basilikum | 100 g Rucola
50 g ital. Hartkäse (z. B. Grana Padano)
3–4 EL Essig (z. B. weißer Balsamico)
100 ml warme Gemüsebrühe
5 EL Öl (z. B. Olivenöl)

Für 4 Personen | ⏲ 45 Min. Zubereitung
Pro Portion ca. 395 kcal, 13 g EW, 17 g F, 48 g KH

1 Nudeln nach Packungsangabe in kochendem Salzwasser garen. Tomaten waschen, achteln und dabei die Stielansätze entfernen. Melone entkernen und das Fruchtfleisch mit einem Kugelausstecher ausstechen oder in Würfel schneiden. Knoblauch schälen. Basilikum waschen, trocken schütteln und abzupfen. Blättchen grob hacken. Rucola putzen, waschen und abtropfen lassen. Nudeln abgießen und abtropfen lassen.

2 Den Käse grob reiben. Essig und Brühe verrühren. Knoblauch durchpressen und unterrühren. Mit Salz und Pfeffer würzen, das Öl unterrühren. Die Nudeln mit der Marinade mischen. Kurz ziehen lassen.

3 Tomaten, Melone, Rucola und Basilikum unterheben. Mit Salz und Pfeffer abschmecken. Den Salat anrichten und mit Käse bestreuen.

AUSTAUSCH-TIPP
Statt Melone schmecken auch Pfirsiche, Nektarinen und sogar Himbeeren.

vegetarisch | unter 1,50 Euro

Bohnensalat mit Tofu

750 g grüne Bohnen
Salz | Pfeffer
1 große Zwiebel | 1 Knoblauchzehe
1 Dose weiße Bohnenkerne (425 g)
4 EL Öl | 2 EL Apfelessig
200 g Tofu
1 TL getrockneter Majoran

Für 4 Personen | ⏱ 30 Min. Zubereitung
Pro Portion ca. 260 kcal, 14 g EW, 13 g F, 21 g KH

1 Die grünen Bohnen putzen, waschen und eventuell kleiner schneiden. In kochendem Salzwasser in 12 Min. garen. Zwiebel und Knoblauch schälen. Die Zwiebel in dünne Ringe schneiden, den Knoblauch fein hacken. Bohnenkerne abspülen und gut abtropfen lassen. Grüne Bohnen abgießen, abschrecken und abtropfen lassen.

2 2 EL Öl erhitzen, Zwiebel und Knoblauch darin kurz andünsten. Alle Bohnen dazugeben und kurz darin schwenken. Mit Salz und Pfeffer würzen. Essig mit Salz und Pfeffer verrühren. 1 EL Öl unterrühren. Bohnen in eine Schüssel geben, mit der Vinaigrette mischen. Mit Salz und Pfeffer abschmecken.

3 Den Tofu in kleine Würfel schneiden. 1 EL Öl erhitzen und den Tofu darin bei mittlerer Hitze rundherum in 5 Min. goldbraun braten. Mit Salz, Pfeffer und Majoran würzen. Den Tofu über den Bohnensalat geben. Roggenbrot schmeckt gut dazu.

TIPP

Statt getrocknetem Majoran 1–2 TL gehackten frischen oder dieselbe Menge Bohnenkraut verwenden.

orientalisch | unter 1 Euro

Couscous-Paprika-Salat

je 1 kleine rote, gelbe und grüne Paprikaschote
1 walnussgroßes Stück Ingwer
2 Knoblauchzehen
5 EL Öl
Salz | Pfeffer
200 g Instant-Couscous
3 EL Rosinen
½–1 TL gemahlener Kreuzkümmel
2–3 EL Zitronensaft
1 Bund glatte Petersilie

Für 4 Personen | ⏱ 20 Min. Zubereitung
Pro Portion ca. 330 kcal, 8 g EW, 14 g F, 45 g KH

1 Die Paprika vierteln, putzen und waschen. Paprika in kleine Würfel schneiden. Ingwer und Knoblauch schälen und fein hacken. 3 EL Öl erhitzen, Ingwer und Knoblauch darin kurz andünsten. Paprika dazugeben und alles zugedeckt bei schwacher Hitze 5 Min. garen. Mit Salz und Pfeffer würzen.

2 Couscous, Rosinen, Kreuzkümmel und ½ TL Salz in einer Schüssel vermengen. ¼ l kochendes Wasser gleichmäßig darübergießen und den Couscous 5 Min. quellen lassen.

3 Zitronensaft und 2 EL Öl verrühren. Den Couscous mit einer Gabel auflockern und in eine Schüssel geben. Die Paprikawürfel unterheben, das Zitronenöl darüberträufeln. Die Petersilie waschen, trocken schütteln, abzupfen und die Hälfte fein hacken. Die gesamte Petersilie unter den Couscous heben und den Salat mit Salz und Pfeffer abschmecken.

kalorienarm | unter 1,50 Euro

Gemüsetopf mit Fisch

500 g Kartoffeln | 1 kleine Fenchelknolle |
1 Zucchino | 1 große Tomate | 1 Knoblauchzehe |
3 EL Öl | Salz | Pfeffer | 1,2 l Gemüsebrühe |
200 g Seelachs

Für 4 Personen | ⏲ 50 Min. Zubereitung
Pro Portion ca. 210 kcal, 14 g EW, 9 g F, 18 g KH

1 Die Kartoffeln schälen, waschen und in sehr
dünne Scheiben schneiden. Gemüse putzen und
waschen. Fenchel und Zucchino in dünne Scheiben
schneiden. Tomate ohne Stielansatz würfeln. Knoblauch schälen und hacken.

2 Öl in einem Topf erhitzen. Kartoffeln und Fenchel darin bei mittlerer Hitze 3 Min. andünsten,
salzen und pfeffern. Zucchino und Knoblauch
3 Min. mitdünsten. Brühe und Tomate dazugeben,
8–12 Min. köcheln.

3 Den Fisch abspülen und grob würfeln. 2–3 Min.
mitgaren. Mit Salz und Pfeffer abschmecken.

kalorienarm | vegetarisch | unter 1 Euro

Tomatensuppe

800 g Tomaten | 2 Möhren | 1 große Zwiebel |
2 Knoblauchzehen | 5 EL Öl (z. B. Olivenöl) |
2 EL Tomatenmark | ¾ l Fleischbrühe | Salz |
Pfeffer | 1 EL getrocknete ital. Kräuter | Zucker

Für 4 Personen
⏲ 30 Min. Zubereitung | 20 Min. Garen
Pro Portion ca. 155 kcal, 2 g EW, 13 g F, 6 g KH

1 Tomaten kreuzweise einritzen und mit kochendem Wasser überbrühen. Haut abziehen. Tomaten
klein schneiden, dabei Stielansätze entfernen.
Möhren, Zwiebel und Knoblauch schälen und alles
fein würfeln.

2 Öl in einem Topf erhitzen. Knoblauch, Möhren
und Zwiebel darin andünsten. Tomatenmark kurz
mitdünsten. Tomaten und Brühe dazugeben. Mit
Salz, Pfeffer und Kräutern würzen. Aufkochen und
offen bei mittlerer Hitze 20 Min. köcheln. Fertige
Suppe mit Salz, Pfeffer und Zucker abschmecken.

Blumenkohl-Kokos-Suppe mit Hähnchen

Die Zeiten, in denen Blumenkohl gerne in dicken Mehlsaucen ertränkt wurde, sind zum Glück vorbei – diese leichte Suppe zeigt, dass viel mehr in dem hellen Köpfchen steckt!

150 g Langkornreis | Salz | 1 Blumenkohl (ca. 1 kg) | 1 große Zwiebel | 1 Knoblauchzehe | 1 rote Paprikaschote | 2 EL Öl | 1 TL Currypulver | 700 ml heiße Gemüsebrühe | 1 Dose ungesüßte Kokosmilch (400 ml) | 200 g Hähnchenbrustfilet

Für 4 Personen | ⏱ 40 Min. Zubereitung
Pro Portion ca. 310 kcal, 19 g EW, 8 g F, 42 g KH

1 Den Reis nach Packungsangabe in kochendem Salzwasser garen. Den Blumenkohl putzen, in kleine Röschen teilen und waschen. In wenig kochendem Salzwasser in 5–8 Min. bissfest garen. Abgießen und abtropfen lassen.

2 Die Zwiebel schälen und würfeln. Den Knoblauch schälen und fein hacken. Die Paprika putzen, waschen und in feine Streifen schneiden.

3 Das Öl in einem breiten Topf erhitzen. Zwiebel, Knoblauch und Paprika darin kurz andünsten. Curry darüberstäuben. Unter Rühren mit Brühe und Kokosmilch ablöschen. Die Suppe 8 Min. köcheln. Das Hähnchenfleisch in feine Streifen schneiden, dazugeben und 3–4 Min. mitgaren. Den Reis abgießen. Blumenkohl und Reis in die heiße Suppe geben.

GUT ZU WISSEN – BLUMENKOHL

Warum ist Blumenkohl weiß? Sobald Blumenkohl Licht ausgesetzt ist, verfärbt er sich gelb, braun bis violett. Weil aber die meisten Menschen ihn schön weiß mögen, gibt es Züchtungen, bei denen die Blätter so wachsen, dass der Kohl automatisch bedeckt wird. Er ist nicht lange lagerfähig. Frisch riecht er nicht, lassen Sie also beim Kauf Ihre Nase entscheiden. Heben Sie ihn nicht länger als 3–4 Tage im Gemüsefach des Kühlschranks auf. Falls er doch schon nach Kohl riecht, schafft Zitronensaft oder Weißwein im Kochwasser Abhilfe.

perfekt mit Salat | unter 1,50 Euro

Spinatkuchen

250 g Mehl | 125 g kalte Butter
Salz | Pfeffer | 1 Eigelb
1 kg Blattspinat | 3 EL Öl
200 g Doppelrahmfrischkäse
2 EL Ajvar oder Paprikamark
4 Eier | geriebene Muskatnuss
100 g Gouda (Stück)
Mehl für die Arbeitsfläche
Fett für die Form

Für 1 Springform von 26 cm ∅
◎ 50 Min. Zubereitung
1 Std. Kühlen | 1 Std. Backen
Bei 8 Stücken pro Stück ca. 455 kcal, 14 g EW,
33 g F, 27 g KH

1 Mehl, Butter in Stückchen, ½ TL Salz, Pfeffer,
Eigelb und 2 EL kaltes Wasser zu einem glatten Teig
verkneten. Zugedeckt 1 Std. kalt stellen.

2 Den Spinat putzen, waschen und in kochendem
Salzwasser portionsweise je 2 Min. blanchieren.
Gesamten Spinat abschrecken, gut ausdrücken und
hacken. Öl, Frischkäse, Ajvar, Eier und Muskat mit
den Quirlen des Handrührgerätes verrühren. Mit
dem Spinat vermengen. Mit Salz und Pfeffer würzen.

3 Den Backofen auf 200° vorheizen. Eine Springform (26 cm ∅) fetten. Den Teig auf einer bemehlten Fläche zu einem Kreis in Formgröße ausrollen
und den Boden der Form damit auslegen. Den restlichen Teig zu einem etwa 4 cm breiten Streifen
ausrollen. Als Rand in die Form drücken. Spinat-
masse in die Form geben. Gouda in kleine Würfel
schneiden und drauf verteilen. Kuchen im Ofen
(Mitte, Umluft 180°) 1 Std. backen.

raffiniert | unter 1,50 Euro

Satéspießchen mit Chinakohlsalat

200 g Langkornreis
Salz | Pfeffer
1 kleiner Chinakohl (ca. 500 g)
1 Bund Schnittlauch
4 dünne Schweineschnitzel (à ca. 100 g)
3 EL Öl
2 EL Erdnusscreme (cremig)
3 EL Sojasauce | 200 g Schmand
100 ml warme Fleischbrühe
Saft und Schale von ½ Bio-Zitrone
Holzspieße

Für 4 Personen | ◎ 30 Min. Zubereitung
Pro Portion ca. 535 kcal, 31 g EW, 26 g F, 44 g KH

1 Den Reis nach Packungsangabe in kochendem
Salzwasser garen. Den Chinakohl putzen, waschen
und in feine Streifen schneiden. Schnittlauch waschen, trocken schütteln und in Röllchen schneiden.

2 Die Schnitzel etwas flacher klopfen und längs
halbieren. Fleischstreifen wellenartig auf die Holzspieße stecken. Öl in einer großen Pfanne erhitzen
und die Spieße darin unter Wenden 10 Min. braten.
Erdnusscreme und Sojasauce glatt verrühren. 3 Min.
vor Bratzeitende die Spieße damit bestreichen und
fertig garen.

3 Schmand, Brühe, Zitronensaft und -schale verrühren. Die Sauce mit Salz und Pfeffer würzen. Den
Schnittlauch unterrühren. Chinakohl mit Salatsauce
vermengen. Mit Salz und Pfeffer abschmecken. Reis
abgießen und abtropfen lassen. Spieße, Reis und
Salat anrichten.

mild | besonders | unter 1,50 Euro

Paprika-Joghurt-Hähnchen

Hier schmoren alle Zutaten zusammen in einer leckeren Joghurtsauce. Ergebnis?
Die volle Aromagarantie und ganz besonders zartes Fleisch.

4 Hähnchenschenkel (ca. 800 g)

Salz | Pfeffer | 3 EL Öl

2 große Zwiebeln

2 Knoblauchzehen

1 rote Paprikaschote

1 EL Mehl | 1 EL Paprikapulver, edelsüß

¼ l heiße Geflügelbrühe

500 g Vollmilchjoghurt (3,7 % Fett)

250 g Langkornreis | Zucker

Für 4 Personen | 🕐 1 Std. Zubereitung
Pro Portion ca. 650 kcal, 39 g EW, 28 g F, 60 g KH

1 Die Hähnchenschenkel trocken tupfen und mit Salz und Pfeffer würzen. Das Öl in einer großen Pfanne erhitzen und die Schenkel darin bei mittlerer Hitze unter gelegentlichem Wenden in 10 Min. goldbraun braten.

2 Zwiebeln und Knoblauch schälen, beides fein würfeln. Die Paprika putzen, vierteln und waschen. Paprika in kleine Würfel schneiden.

3 Die Keulen aus der Pfanne nehmen. Zwiebeln, Knoblauch und Paprika im heißen Fett kurz andünsten. Mit Salz und Pfeffer würzen. Mehl und Paprika darüberstäuben und kurz anschwitzen. Unter Rühren mit heißer Brühe ablöschen. Den Joghurt nach und nach einrühren. Alles aufkochen. Die Keulen in die Sauce legen und alles offen bei mittlerer Hitze 25 Min. schmoren. Gleichzeitig den Reis in kochendem Salzwasser nach Packungsangabe garen.

4 Den Reis abgießen und abtropfen lassen. Die Joghurtsauce mit Salz, Pfeffer und 1 Prise Zucker abschmecken. Hähnchenschenkel, Sauce und Reis anrichten.

AUSTAUSCH-TIPPS

Klappt auch mit Putenschnitzeln oder Hähnchenfilet. Diese nur 1 Min. pro Seite anbraten und alles nur 10 Min. schmoren. Noch vollmundiger, aber auch etwas gehaltvoller wird die Sauce, wenn Sie 250 g Joghurt durch Schmand oder Crème fraîche ersetzen.

EXOTISCHE VARIANTE

Statt Paprikapulver 1 EL Currypulver mit dem Mehl anschwitzen. Dann wie oben beschrieben fortfahren und zum Schluss einige Ananasstücke (aus der Dose) und etwas Ananassaft dazugeben und aufkochen lassen.

TIPPS – UMGANG MIT GEFLÜGEL

Geflügelfleisch wird frisch und tiefgefroren angeboten. Bei frischem Geflügel ist ein Verbrauchsdatum auf dem Etikett angegeben. Die optimale Aufbewahrungstemperatur liegt bei 4°. Die meisten Kühlschränke erreichen diese Temperatur jedoch nicht, sodass Frischgeflügel möglichst schnell nach dem Kauf verbraucht werden sollte.

Zum Verbrauch tiefgefrorene Ware auspacken und am besten im Kühlschrank in einer Schüssel mit Ablaufsieb auftauen lassen. So kann die entstehende Flüssigkeit ablaufen. Danach das Fleisch gründlich waschen und auch Hände, Schüssel etc. gut säubern.

Schmorgurken in Senfsahne

250 g Langkornreis | Salz | Pfeffer | 1 kg Schmor-
gurken | 1 große Zwiebel | je 1 Bund Dill und
Schnittlauch | 3 EL Öl | 1 EL Mehl | ¼ l warme
Gemüsebrühe | 200 g Sahne | 2 EL mittelscharfer
Senf

Für 4 Personen | ⊚ 30 Min. Zubereitung
Pro Portion ca. 560 kcal, 10 g EW, 25 g F, 73 g KH

1 Den Reis nach Packungsangabe in kochendem
Salzwasser garen. Die Gurken schälen, halbieren
und entkernen. In Stücke schneiden. Die Zwiebel
schälen und fein würfeln. Die Kräuter waschen und
trocken tupfen. Dillspitzen abzupfen und fein
hacken. Schnittlauch in feine Röllchen schneiden.

2 Das Öl in einem weiten Topf erhitzen. Zwiebel
darin andünsten. Gurken dazugeben, mit Salz und
Pfeffer würzen und kurz mitdünsten. Das Mehl darüberstäuben und kurz anschwitzen. Die Brühe
dazugießen. Alles aufkochen und offen bei schwacher Hitze 10 Min. kochen. Die Sahne dazugießen
und noch 10 Min. köcheln lassen.

3 Senf und Kräuter einrühren. Die Sauce aufko-
chen lassen und mit Salz und Pfeffer abschmecken.
Den Reis abgießen und abtropfen lassen. Reis und
Schmorgurken anrichten.

VARIANTE – MIT FLEISCH
250 g Kasseler würfeln und zuerst im heißen Öl anbraten. Herausnehmen und zum Schluss wieder dazugeben.

GUT ZU WISSEN – GURKEN
Im Sommer ist Gurkenzeit. Sie haben wenig Kalorien,
viel Geschmack und Frische! Sie schmecken als Salat-
gurken auf Brot, als erfrischende kalte Suppe oder
Salat. Die großen Schmorgurken schmecken köstlich als
Ragout oder gefüllt. Die kleinen Einlegegurken sind, wie
der Name schon sagt, ideal zum Einlegen in Essigsud
oder als Salzgurken. Gurkengewürz zum Einlegen gibt es
im Supermarkt.

kalorienarm | mögen Kinder gern | unter 1,50 Euro

Wok-Nudeln mit Chinakohl und Pute

200 g asiatische Weizennudeln | Salz | Pfeffer |
3 mittelgroße Möhren | 1 mittelgroßer Chinakohl
(ca. 600 g) | 1 große Zwiebel | 1 Knoblauchzehe |
4 EL Öl | 300 g Putenbrustfilet | 3–4 EL Sojasauce |
1 TL Zucker

Für 4 Personen | ⏱ 45 Min. Zubereitung
Pro Portion ca. 400 kcal, 27 g EW, 12 g F, 46 g KH

1 Die Nudeln nach Packungsangabe in kochendem Salzwasser garen. Die Möhren putzen, schälen, längs halbieren und in Scheiben schneiden.
Den Chinakohl putzen, in Streifen schneiden,
waschen und abtropfen lassen. Zwiebel und Knoblauch schälen. Beides fein hacken. Die Nudeln
abgießen und mit 1 EL Öl mischen.

2 Fleisch trocken tupfen und in Würfel schneiden.
3 EL Öl in Wok oder Pfanne erhitzen. Fleisch darin
rundherum bei mittlerer Hitze in 5 Min. goldbraun
braten. Salzen, pfeffern und herausnehmen.

3 Zwiebel und Möhren im heißen Bratfett zugedeckt bei mittlerer Hitze 5 Min. dünsten. Den Chinakohl unter gelegentlichem vorsichtigem Wenden
10 Min. mitschmoren. Eventuell etwas Wasser dazugeben.

4 Fleisch und Nudeln unter das Gemüse heben
und noch mal erhitzen. Alles mit Sojasauce, Zucker
und Pfeffer abschmecken.

GUT ZU WISSEN – ASIANUDELN

Asiatische Nudeln sind ideal für eilige Köche! Die meisten Sorten müssen nur kurz in Wasser gegart werden.
Ihre Form beschränkt sich meist auf lange, dünne Band-
oder Fadennudeln. Sie werden aus Weizen, Reis oder
Buchweizenmehl hergestellt. Die durchscheinenden
Glasnudeln manchmal auch aus Mungobohnen und Kartoffeln. In der asiatischen Küche werden die Nudeln
meist seperat gegart und zum Schluss unter die restlichen Zutaten gemischt.

schmeckt nach Urlaub | unter 1,50 Euro

Moussaka

Wenige Zutaten, große Wirkung! Die Aubergine wird vorher angebraten und entwickelt so einen wunderbar nussigen Geschmack. Das passt perfekt zu Hackfleisch, Tomaten und Majoran.

500 g Kartoffeln
1 große Aubergine (ca. 600 g)
1 Zwiebel
2 Knoblauchzehen
5 EL Öl
400 g gemischtes Hackfleisch
Salz | Pfeffer
1 EL getrockneter Majoran
1 große Dose Tomaten (800 g)
100 g Sahne

Für 4 Personen
⏲ 45 Min. Zubereitung | 30 Min. Backen
Pro Portion ca. 580 kcal, 27 g EW, 41 g F, 25 g KH

1 Kartoffeln waschen und mit Schale in kochendem Wasser 15–20 Min. garen. Die Aubergine putzen, waschen und in Würfel schneiden. Zwiebel und Knoblauch schälen und fein würfeln.

2 2 EL Öl in einem Topf erhitzen und das Hackfleisch darin krümelig braten. Zwiebel und Knoblauch dazugeben und alles mit Salz, Pfeffer und Majoran würzen. Die Tomaten dazugeben, aufkochen und offen bei mittlerer Hitze 10 Min. köcheln lassen. Die Hackfleischsauce mit Salz und Pfeffer abschmecken.

3 3 EL Öl in einer Pfanne erhitzen und die Auberginen darin bei mittlerer Hitze unter Wenden in

5–10 Min. goldbraun braten. Mit Salz und Pfeffer würzen. Vom Herd nehmen.

4 Den Backofen auf 200° vorheizen. Die Kartoffeln abgießen, abschrecken, pellen und in Scheiben schneiden. Kartoffeln, zwei Drittel der Auberginen und die Fleischsauce in eine Auflaufform schichten. Dabei kräftig mit Salz und Pfeffer würzen. Den Rest der Auberginenwürfel auf der Hackfleischsauce verteilen. Die Sahne darübergießen. Die Moussaka im Ofen (Mitte, Umluft 180°) 30 Min. backen.

GUT ZU WISSEN – AUBERGINEN
Auberginen werden meist in reichlich Fett gar gebraten. Für kalorienbewusste Genießer hier eine fettarme Garmethode: Aubergine putzen, waschen und längs mehrmals ca. 1 cm tief einritzen. Dann in geölte Alufolie wickeln und im auf 200° vorgeheizten Ofen 45 Min. backen. (Kleinere Früchte brauchen nur etwa 30 Min.) Dann in Scheiben oder Würfel schneiden und weiterverwenden.

Buntes Ofengemüse

So macht Kochen mit Gemüse Spaß – einfach alles klein schneiden, würzen und im Ofen garen! Klappt auch mit Möhren, Kohlrabi, Kürbis und Fenchel.

1 kg Kartoffeln | 5 EL Öl | Salz | Pfeffer | 1 TL Paprikapulver, edelsüß | 2 Zucchini (ca. 400 g) | 1 rote Paprikaschote | 1 Bund Frühlingszwiebeln | 200 g Doppelrahmfrischkäse mit Kräutern | 100 ml Milch

Für 4 Personen | ⏲ 50 Min. Zubereitung
Pro Portion ca. 445 kcal, 10 g EW, 28 g F, 38 g KH

1 Den Backofen auf 200° vorheizen. Die Kartoffeln gründlich waschen, trocken tupfen und in 1 cm dicke Scheiben schneiden. Das Öl mit 1 TL Salz und Paprika verrühren. Kartoffeln und Paprikaöl auf der Fettpfanne des Ofens vermischen. Die Kartoffeln im Ofen (Mitte, Umluft 180°) in 35–40 Min. garen.

2 Inzwischen die Zucchini putzen, waschen und in Scheiben schneiden. Die Paprika vierteln, putzen, waschen und in Streifen schneiden. Die Frühlingszwiebeln putzen, waschen und in Stücke schneiden. Das Gemüse nach 15 Min. zu den Kartoffeln geben, unterheben und fertig garen. Dabei 1- bis 2-mal vorsichtig wenden.

3 Frischkäse und Milch mit den Quirlen des Handrührgerätes glatt rühren. Mit Salz und Pfeffer würzen. Zum Schluss die Frischkäsecreme über Gemüse und Kartoffeln verteilen und vorsichtig unterheben. Das Ofengemüse anrichten.

Milchreis mit Obstsalat

Der ist schnell gerührt für hungrige Süßschnäbel. Und mit viel frischem Sommerobst hat man auch noch eine Vitaminbombe.

250 g Milchreis | 1 l Milch | 4 EL Zucker | 1 Päckchen Vanillinzucker | 125 ml Orangensaft | 2 Pfirsiche | 250 g gemischte Beeren (z. B. Heidelbeeren, Himbeeren, Brombeeren oder Johannisbeeren) | 1 Banane

Für 4 Personen | ⏲ 30 Min. Zubereitung
Pro Portion ca. 530 kcal, 14 g EW, 9 g F, 96 g KH

1 Milchreis, Milch, 3 EL Zucker und Vanillinzucker in einen Topf geben und bei mittlerer Hitze unter regelmäßigem Rühren aufkochen. Bei schwacher Hitze unter regelmäßigem Rühren 25 Min. quellen lassen.

2 Gleichzeitig den Orangensaft mit 1 EL Zucker in einem Topf aufkochen lassen. Vom Herd nehmen und abkühlen lassen.

3 Die Pfirsiche waschen, halbieren und entsteinen. Fruchtfleisch in Würfel schneiden. Die Beeren verlesen und eventuell waschen. Die Banane schälen und in Scheiben schneiden. Früchte und abgekühlten Orangensaft vermengen. Milchreis und Obstsalat anrichten.

EXOTISCHE VARIANTE
Garen Sie den Reis mit 5 EL Kokosflocken. Für die Sauce Dosenpfirsiche klein schneiden, pürieren und mit Zitronensaft abschmecken.

TIPP – RESTEVERWERTUNG
Reste vom Milchreis schmecken lecker als schnelles Dessert! Dazu etwas fertige rote Grütze und Vanillepudding abwechselnd mit etwas Schlagsahne und Milchreis in Gläser schichten.

für die Familie | unter 1 Euro

Blumenkohl-Reisauflauf

150 g Langkornreis
Salz | Pfeffer
1 Blumenkohl (ca. 1 kg)
50 g Butter | 50 g Mehl
½ l Milch | ¼ l Gemüsebrühe
100 g geräucherter, durchwachsener Speck
1 Bund Estragon
100 g Sahneschmelzkäse

Für 4 Personen
◎ 30 Min. Zubereitung | 30 Min. Backen
Pro Portion ca. 605 kcal, 18 g EW, 38 g F, 48 g KH

1 Reis in kochendem Salzwasser nach Packungsangabe garen. Blumenkohl putzen, waschen und in
kleine Röschen teilen. In kochendem Salzwasser
5 Min. garen.

2 Die Butter erhitzen, das Mehl darin kurz anschwitzen. Milch und Brühe unter Rühren dazugießen. Aufkochen und bei mittlerer Hitze 5 Min.
köcheln lassen. Die Sauce mit Salz und Pfeffer
abschmecken und vom Herd nehmen. Blumenkohl
abgießen und abtropfen lassen.

3 Den Backofen auf 200° vorheizen. Den Speck
fein würfeln und in einer heißen Pfanne ohne Fett
knusprig auslassen. Vom Herd nehmen. Estragon
waschen, trocken schütteln, hacken und in die Sauce rühren.

4 Den Reis abgießen und abtropfen lassen. Blumenkohl, Speck, Reis und Estragonsauce abwechselnd in eine Auflaufform schichten. Schmelzkäse
in Stückchen darauf verteilen. Den Auflauf im Ofen
(Mitte, Umluft 180°) 30 Min. backen.

schmeckt Kindern | unter 1,50 Euro

Mettwurstpizza

1 große Zwiebel
3 EL Öl
1 Dose Pizzatomaten (400 g)
1 EL getrocknete ital. Kräuter
Salz | Pfeffer
2 Zucchini
2 Paprikaschoten (in verschiedenen Farben)
100 g Gouda (Stück)
1 fertig ausgerollter Pizzateig auf Backpapier
(400 g; aus dem Kühlregal)
100 g feste grobe Mettwurst oder Salami in
Scheiben

Für 4 Personen
◎ 20 Min. Zubereitung | 20–25 Min. Backen
Pro Portion ca. 495 kcal, 18 g EW, 24 g F, 50 g KH

1 Die Zwiebel schälen und fein würfeln. Das Öl
erhitzen, die Zwiebel darin kurz andünsten. Pizzatomaten dazugeben und mit getrockneten Kräutern,
Salz und Pfeffer würzen. Aufkochen und 10 Min.
köcheln lassen.

2 Den Backofen auf 250° vorheizen. Zucchini putzen, waschen und in dünne Scheiben schneiden.
Von den Paprika Deckel abschneiden und die Kerngehäuse entfernen. Schoten waschen und in große
dünne Ringe schneiden. Den Gouda reiben.

3 Den Teig auf ein Backblech legen. Die Sauce
darauf verteilen. Mit Gemüse und Wurst belegen.
Mit Salz und Pfeffer würzen. Den Käse darüber verteilen. Die Pizza im Ofen (Mitte; Umluft 200°)
20–25 Min. backen.

oben: Blumenkohl-Reisauflauf | unten: Mettwurstpizza

Heidelbeer-Quark-Tiramisu

Statt Espresso und Likör kommt hier eine Extraportion Sommerobst zu Ehren! Schmeckt köstlich als Dessert oder als fruchtiger Kuchenersatz zum Kaffeeklatsch.

250 g Heidelbeeren | 2 Pfirsiche | 500 g Sahnequark | 50 g Zucker | 1 Päckchen Vanillinzucker | 150 g Löffelbiskuits | 200 ml Orangensaft | 100 g Mandelstifte

Für 4 Personen
◯ 20 Min. Zubereitung | 3 Std. Ruhen
Pro Portion ca. 625 kcal, 23 g EW, 30 g F, 67 g KH

1 Die Heidelbeeren verlesen, waschen und abtropfen lassen. Die Pfirsiche waschen, halbieren und entsteinen. Das Fruchtfleisch in Stücke schneiden.

2 Den Quark mit Zucker und Vanillinzucker verrühren. Die Hälfte der Biskuits als Boden in eine Form mit hohem Rand legen und mit 100 ml Orangensaft tränken. 250 g Quark und alle Früchte darauf verteilen. Übrige Löffelbiskuits darauflegen und mit restlichem Saft beträufeln. Übrigen Quark darauf verteilen. Das Tiramisu zugedeckt im Kühlschrank 3 Std. ziehen lassen.

3 Die Mandeln in einer Pfanne ohne Fett bei mittlerer Hitze goldbraun rösten. Aus der Pfanne nehmen und auskühlen lassen. Das Tiramisu mit Mandeln bestreuen und servieren.

VARIANTE – TIRAMISU KLASSISCH

Tiramisu hilft gegen schlechte Laune (es heißt ja auch übersetzt »zieh mich hoch«). Die klassische Zubereitung für 4 Personen geht so: 2 Eigelb mit 40 g Zucker schaumig rühren. 250 g Mascarpone portionsweise unterrühren. 100 ml kalten Espresso oder starken Kaffee und 50 ml Weinbrand oder Amaretto mischen. 40 g Löffelbiskuits in eine flache Form legen und mit der Hälfte der Kaffeemischung beträufeln. Mit der Hälfte der Mascarponecreme bestreichen. Vorgang wiederholen. Über Nacht zugedeckt kalt stellen. Zum Servieren mit Kakao bestäuben.

Kirsch-Pfirsich-Crumble

800 g Kirschen | 2 Pfirsiche | 1 EL Zitronensaft |
200 g Zucker | 250 g Mehl | 1 Päckchen Vanillin-
zucker | ½ TL Zimtpulver | 150 g Butter | Fett für
die Form

Für 4 Personen
⏱ 45 Min. Zubereitung | 20 Min. Backen
Pro Portion ca. 860 kcal, 9 g EW, 36 g F, 127 g KH

1 Die Kirschen waschen und entsteinen. Die Pfirsiche waschen, halbieren, entsteinen und in Stücke
schneiden. Kirschen, Zitronensaft und 80 g Zucker
in einem Topf vermischen und bei mittlerer Hitze
unter Rühren aufkochen. Vom Herd nehmen.

2 Backofen auf 200° vorheizen. Eine flache Auflaufform fetten. Mehl, 120 g Zucker, Vanillinzucker,
Zimt und Butter zu Streuseln verkneten.

3 Kirschen und Pfirsichstücke in die Form geben.
Die Streusel darüber verteilen. Das Crumble im
Ofen (Mitte; Umluft 180°) 20 Min. backen. Mit Vanil-
lesauce oder Vanilleeis servieren.

Exotischer Obstsalat

50 g + 1 EL Zucker | 120 ml Maracujanektar |
2 EL Zitronensaft | 1 Banane | 2 Pfirsiche |
2 Kiwis | ½ Charentais-Melone | 200 g Sahne |
50 g Kokosflocken

Für 4 Personen | ⏱ 30 Min. Zubereitung
Pro Portion ca. 385 kcal, 3 g EW, 24 g F, 40 g KH

1 50 g Zucker in einer heißen Pfanne schmelzen
lassen. Mit Nektar und 1 EL Zitronensaft ablöschen.
Aufkochen und so lange köcheln, bis der Zucker
wieder geschmolzen ist. Vom Herd nehmen.

2 Die Banane schälen, quer halbieren und in
Scheiben schneiden. Mit 1 EL Zitronensaft beträu-
feln. Die Pfirsiche waschen, halbieren und entstei-
nen. In Spalten schneiden. Die Kiwis schälen und in
Stücke schneiden. Die Melone entkernen und in
Stücke schneiden. Marinade und Obst vermischen.

3 Sahne mit 1 EL Zucker halbsteif schlagen. Kokosflocken unterheben. Salat und Sahne anrichten.

Was Oma schon wusste

Saisontipps

Flüssiges Obst Selbst gemachte Fruchtsaucen sind günstiger als gekaufte und leckerer sowieso: Sommerbeeren mit Zucker aufkochen und durch ein feines Sieb geben. Sauce portionsweise einfrieren. Schmeckt das ganze Jahr zu Eis, Pudding und Quarkspeisen.

Schmorgurken Die grün-gelb gestreiften dicken Gurken sind perfekt für ein schnelles Sommeressen. Lecker als Ragout mit Schmand, Dill und Kartoffeln. Oder gefüllt mit Mett im Ofen gebacken. Schmorgurken sollten beim Kauf fest und prall sein. Je gelber sie sind, desto mehr Kerne enthalten sie. Nicht im Kühlschrank aufbewahren, dort faulen sie schnell.

Tomaten aufbewahren Sie gehören an einen kühlen, dunklen Ort, im Kühlschrank verlieren sie Aroma. Nicht mit anderem Obst oder Gemüse lagern, denn sie strömen das Gas Äthylen aus, das Früchte schneller reifen lässt.

Küchentipps

Resteverwertung für Naschkatzen Grießbrei oder Milchreis vom Vortag mit einem Ei verkneten. Zu Talern formen und in Semmelbröseln wälzen. Die Taler in Butterschmalz goldbraun braten. In Zimtzucker wälzen. Dazu schmeckt Apfelkompott.

Aus heiß mach kalt Übriger Kaffee vom Frühstück schmeckt am Nachmittag mit einer Kugel Vanilleeis und Schlagsahne als Eiskaffee.

Würzige Panade Käsereste nicht wegwerfen, sondern reiben, mit Semmelbrösel mischen und als raffinierte Panade verwenden. Oder gerieben in eine Béchamelsauce rühren und die Käsesauce zu Nudeln servieren. Käse lässt sich besser reiben, wenn er vorher ca. 15 Min. im Gefrierfach war.

Gemüsereste Gegartes Gemüse vom Vortag wie Blumenkohl, Brokkoli, Zucchini oder Möhren mit Brühe und Sahne aufkochen und zu einer Vorsuppe oder Gemüsesauce pürieren.

Schlapper Kopfsalat? Nicht wegwerfen, sondern mit ½ gewürfelten Salatgurke, Brühe, Schmand und Dill zu einer kalten Suppe pürieren.

Eingelegte Zucchini

Für 4 Gläser à ca. 500 ml

1 kg Zucchini | 3 Knoblauchzehen | 1 Bund Petersilie | 1 l Apfelessig | 1 EL getrocknete ital. Kräuter | 175 g Zucker | 1 EL Salz | Pfeffer

Zucchini putzen, waschen und längs vierteln. Dann quer in ca. 4 cm lange und 1 cm dicke Stücke schneiden. Knoblauch schälen und in Scheiben schneiden. Petersilie waschen und grob hacken. Alles in den Gläsern verteilen. Essig mit Kräutern, Zucker, Salz und Pfeffer aufkochen. Sofort in die Gläser gießen. Gläser verschließen und Zucchini 24 Std. ziehen lassen. Dann den Sud abgießen und erneut aufkochen. Zurück in die Gläser gießen. Gläser gut verschließen. Auskühlen lassen und im Kühlschrank aufbewahren.

Tomatenketchup

Beeren-Amaretto-Konfitüre

Sie schmecken toll als Vorspeise oder leichtes Mittagessen mit Mozzarella, Tomaten, Schinken und Käse.

Tomatenketchup

Für ca. 2 l

4 kg Tomaten | 2 Zwiebeln | 2 Knoblauchzehen |
1 TL Zimtpulver | ½ TL gemahlene Gewürznelken |
2 EL Currypulver | 4 Lorbeerblätter | 4 EL Mehl |
½ l Weißweinessig | 250 g Zucker | Salz | Pfeffer

Tomaten waschen und vierteln, dabei Stielansätze entfernen. Zwiebeln schälen, vierteln. Knoblauch schälen. Tomaten, Zwiebeln, Knoblauch und Gewürze in einen weiten Topf geben. Mehl und etwas Essig glatt rühren und dazugeben. Restlichen Essig, Zucker, 1 TL Salz und Pfeffer dazugeben. Aufkochen und zugedeckt bei mittlerer Hitze 2 Std. köcheln. Durch ein feines Sieb in einen Topf streichen. Mit Salz abschmecken. Ketchup aufkochen und offen 1 Std. köcheln lassen. In vorbereitete Flaschen oder Gläser füllen und verschließen. Auskühlen lassen und im Kühlschrank aufbewahren.

Beeren-Amaretto-Konfitüre

Für ca. 4 Gläser à 250 ml

1 kg geputzte gemischte Sommerbeeren
(z. B. Brombeeren, Johannisbeeren, Himbeeren,
Stachelbeeren oder Heidelbeeren) | 500 g
Gelierzucker 1:2 | 1 Päckchen Vanillinzucker |
1 Päckchen Zitronensäure | 3 EL Amaretto (ital.
Mandellikör)

Beeren in einem Topf mit Gelierzucker, Vanillinzucker und Zitronensäure mischen. 10 Min. ziehen lassen. Langsam unter Rühren aufkochen. Likör dazugießen und alles mindestens 3 Min. sprudelnd kochen. In vorbereitete Twist-off-Gläser füllen, diese verschließen und 5 Min. auf den Deckel stellen. Umdrehen und auskühlen lassen.

Herbst

Bananen-Pancakes

Die süßen Klassiker aus USA sind schnell zubereitet und schmecken zum Frühstück ebenso gut wie nach einem langen Herbstspaziergang.

2 Eier | 1 Päckchen Vanillinzucker | Salz |
250 g Mehl | 1 TL Backpulver | 150 ml Milch |
2 Bananen | 3 EL Haselnusskerne | 2 EL Butter |
4 TL flüssiger Honig

Für 4 Personen | ⏱ 35 Min. Zubereitung
Pro Portion ca. 470 kcal, 13 g EW, 16 g F, 70 g KH

1 Die Eier mit Vanillinzucker und 1 Prise Salz mit den Schneebesen des Handrührgerätes verquirlen. Mehl und Backpulver mischen und abwechselnd mit der Milch unter die Eier rühren.

2 Die Bananen schälen und diagonal in Scheiben schneiden. Die Nüsse hacken und in einer beschichteten Pfanne unter Wenden goldbraun rösten. Herausnehmen und zur Seite stellen.

3 1 EL Butter in der heißen Pfanne erhitzen. 4 gehäufte EL Teig in die Pfanne geben, zu vier Cakes formen und die Hälfte der Bananenscheiben in den Teig drücken. Die Pancakes bei mittlerer Hitze von beiden Seiten in 5 Min. goldbraun braten, warm stellen. Aus dem Rest von Butter, Teig und Bananen 4 weitere Pancakes backen. Die Pancakes anrichten, mit Honig beträufeln und mit gerösteten Nüssen bestreuen.

UND DAZU?

Vanilleeis und Vanillesauce passen sehr gut. Oder die Schokosauce von Seite 90.

AUSTAUSCH-TIPPS

Die Pancakes schmecken auch mit Äpfeln, Kirschen oder Pflaumen lecker. In den USA wird statt Honig Ahornsirup über die Pfannkuchen geträufelt. Gibt es im Supermarkt!

Bircher Müsli

4 EL blütenzarte Haferflocken | 1 Msp. Zimt-
pulver | 1 Apfel | 1 TL Zitronensaft | 1 Birne |
150 g Vollmilchjoghurt | 4 EL flüssiger Honig |
nach Belieben Zimt zum Bestäuben

Für 4 Personen
⏱ 12 Std. Quellen | 20 Min. Zubereitung
Pro Portion ca. 140 kcal, 3 g EW, 3 g F, 30 g KH

1 Haferflocken und Zimt vermischen. In 125 ml kaltes Wasser einrühren und die Flocken zugedeckt
über Nacht im Kühlschrank quellen lassen.

2 Apfel und Birne waschen, vierteln und entkernen. Den Apfel grob reiben und mit Zitronensaft
beträufeln. Mit dem Joghurt unter die Haferflocken
rühren. Die Birne in Würfel schneiden. Das Müsli in
Portionen teilen und mit Birnenwürfeln bestreuen.
Honig darüberträufeln. Nach Belieben mit Zimt
bestäuben.

Pestostangen

1 Glas grünes Pesto (190 g) | 4 rechteckige Platten
TK-Blätterteig (à ca. 78 g) | Salz | Pfeffer | Mehl für
die Arbeitsfläche

Für ca. 24 Stück
⏱ 25 Min. Zubereitung | 25–30 Min. Backen
Pro Stück ca. 95 kcal, 2 g EW, 8 g F, 5 g KH

1 Backofen auf 200° vorheizen. Backpapier auf
die Arbeitsfläche legen, die Hälfte des Pesto darauf
verstreichen. Teigplatten darauflegen und 5 Min.
antauen lassen. Den Rest Pesto auf den Teigplatten
verstreichen und mit Salz und Pfeffer würzen.

2 Die Teigplatten längs in ca. ½ cm breite Streifen
schneiden. Je 2 Streifen an einem Ende nehmen
und zu einer Kordel drehen, dabei die Enden
zusammendrücken. Die Stangen auf zwei mit Backpapier ausgelegte Backbleche legen und nacheinander im Ofen (Mitte, Umluft 180°) in 12–15 Min.
goldbraun backen. Herausnehmen und auskühlen
lassen.

raffiniert | unter 1,50 Euro

Nudelsalat mit Fenchel

250 g Nudeln (z. B. Farfalle)
Salz | Pfeffer
2 Fenchelknollen (ca. 500 g)
1 Stange Lauch
50 g getrocknete Tomaten in Öl
50 g Haselnusskerne | 1 große Zwiebel
2 Knoblauchzehen | 5 EL Öl
1–2 TL getrocknete ital. Kräuter
Schale und Saft von 1 Bio-Orange
3–4 EL Apfelessig

Für 4 Personen
◷ 30 Min. Zubereitung | 30 Min. Ziehen
Pro Portion ca. 505 kcal, 15 g EW, 22 g F, 62 g KH

1 Nudeln nach Packungsangabe in Salzwasser kochen. Fenchel und Lauch putzen, waschen und in Streifen bzw. dünne Ringe schneiden. Tomaten abtropfen lassen, das Öl auffangen. Tomaten in dünne Streifen schneiden. Nüsse grob hacken. Zwiebel und Knoblauch schälen und fein hacken.

2 Nüsse in einer beschichteten Pfanne ohne Fett 5 Min. rösten. Herausnehmen. 2 EL Öl in der heißen Pfanne erhitzen. Fenchel, Zwiebel und Knoblauch darin 3 Min. andünsten. Mit 150 ml Wasser ablöschen. Lauch und Kräuter dazugeben. Alles mit Salz und Pfeffer würzen und bei mittlerer Hitze zugedeckt 5 Min. garen. Vom Herd nehmen. Nudeln abgießen und abtropfen lassen.

3 Orangensaft und -schale, Essig, Salz und Pfeffer verrühren. 3 EL Öl und das Tomatenöl unterrühren. Salatzutaten mit der Vinaigrette vermengen. 30 Min. durchziehen lassen. Abschmecken.

nach bayerischer Art | unter 1,50 Euro

Wurstsalat mit Lauch und Äpfeln

1 große Stange Lauch
2 kleine rotschalige Äpfel
1 EL Zitronensaft
Salz | Pfeffer
500 g Fleischwurst
3–4 EL Essig (z. B. Apfelessig)
1 TL geriebener Meerrettich (Glas)
Zucker
4 EL Öl

Für 4 Personen
◷ 20 Min. Zubereitung | 30 Min. Ziehen
Pro Portion ca. 520 kcal, 13 g EW, 46 g F, 13 g KH

1 Den Lauch putzen, waschen und in ½ cm dünne Ringe schneiden. Die Äpfel waschen, vierteln, entkernen und in Stücke schneiden, mit Zitronensaft beträufeln.

2 Den Lauch in wenig kochendem Salzwasser 2 Min. dünsten. Die Fleischwurst schälen, längs halbieren und in dünne Scheiben schneiden. Lauch abgießen und gut abtropfen lassen.

3 Den Essig mit Salz, Pfeffer, Meerrettich und 1 Prise Zucker verrühren. Das Öl unterrühren. Fleischwurst, Lauch, Äpfel und Meerrettich-Vinaigrette vermengen. Den Wurstsalat 30 Min. ziehen lassen.

UND DAZU?
Dazu schmeckt frisches Krustenbrot.

Tomatensauce

1 kg Tomaten | 1 große Zwiebel | 2 Knoblauchzehen | 5 EL Olivenöl | 1 Lorbeerblatt | 1 EL getrocknete ital. Kräuter | Salz | Pfeffer | Zucker | 1−2 EL dunkler Aceto Balsamico

Für 4 Personen | ⏱ 40 Min. Zubereitung
Pro Portion ca. 135 kcal, 1 g EW, 13 g F, 4 g KH

1 Tomaten kreuzweise einritzen und mit kochendem Wasser überbrühen. Tomaten häuten, von Stielansätzen befreien und würfeln. Zwiebel und Knoblauch schälen und fein hacken.

2 Öl erhitzen, Zwiebel und Knoblauch darin andünsten. Tomaten, Lorbeer, Kräuter, Salz und Pfeffer dazugeben. Aufkochen und 20 Min. köcheln lassen. Mit Salz, Pfeffer, Zucker und Essig abschmecken.

VORRATS-TIPP

Tomaten günstig eingekauft? Einfach mehr Sauce zubereiten, abkühlen lassen und einfrieren.

Käsesauce mit Kräutern

1 große Zwiebel | 2 EL Olivenöl | 1 gehäufter TL Mehl | ¼ l Milch | ⅛ l Gemüsebrühe | 100 g Sahneschmelzkäse | 100 g Blauschimmelkäse | je ½ Bund Petersilie und Schnittlauch | Salz | Pfeffer | geriebene Muskatnuss | 1 EL Zitronensaft

Für 4 Personen | ⏱ 25 Min. Zubereitung
Pro Portion ca. 260 kcal, 12 g EW, 21 g F, 6 g KH

1 Zwiebel schälen und fein würfeln. Öl erhitzen, Zwiebel darin andünsten. Mehl dazugeben und kurz andünsten.Unter Rühren mit Milch und Brühe ablöschen. Aufkochen und den Käse stückchenweise einrühren, ca. 10 Min. köcheln.

2 Die Kräuter waschen und trocken schütteln. Petersilie abzupfen und fein hacken. Schnittlauch in feine Röllchen schneiden. Kräuter in die Sauce rühren und mit Salz, Pfeffer, Muskat und Zitronensaft abschmecken. Die Sauce schmeckt zu Lauch-Nudeln, gekochten Eiern, Hähnchenfilet und gedünstetem Gemüse.

für Fischfans | unter 1 Euro

Thunfischsauce

2 Dosen Thunfisch in Öl (à 185 g) | 1 große Zwiebel | 3 Stangen Staudensellerie | 1 Bund Petersilie | 3 EL Öl | 200 ml Gemüsebrühe | 100 ml trockener Weißwein | 200 g TK-Erbsen | 200 g Schmand | Salz | Pfeffer

Für 4 Personen | ⏲ 30 Min. Zubereitung
Pro Portion ca. 535 kcal, 28 g EW, 39 g F, 13 g KH

1 Thunfisch in einem Sieb abtropfen lassen. Zwiebel schälen und fein würfeln. Sellerie putzen, waschen und in dünne Scheiben schneiden. Petersilie waschen, trocken tupfen, abzupfen und fein hacken.

2 Öl erhitzen, Zwiebel und Sellerie darin kurz andünsten. Mit Brühe und Wein ablöschen. Aufkochen und 5 Min. köcheln lassen. Erbsen 2 Min. mitgaren. Schmand einrühren. Mit Salz und Pfeffer würzen. Thunfisch grob zerflücken. Thunfisch und Petersilie in die heiße Sauce geben und darin erwärmen. Mit Salz und Pfeffer abschmecken. Zu Reis, Kartoffelpüree, Nudeln und Gemüse servieren.

mögen Kinder | unter 1,50 Euro

Sauce bolognese

1 große Zwiebel | 2 Knoblauchzehen | 1 Bund Suppengrün | 3 EL Olivenöl | 300 g gemischtes Hackfleisch | Salz | Pfeffer | 2 EL Tomatenmark | 1 kleine Dose Pizzatomaten (400 g) | Zucker

Für 4 Personen | ⏲ 45 Min. Zubereitung
Pro Portion ca. 320 kcal, 19 g EW, 23 g F, 12 g KH

1 Zwiebel und Knoblauch schälen und fein hacken. Suppengrün putzen bzw. schälen, waschen und klein würfeln.

2 Öl erhitzen und Hackfleisch darin krümelig braten. Mit Salz und Pfeffer würzen. Zwiebel, Knoblauch und Gemüse dazugeben und alles bei schwacher Hitze unter Wenden 5 Min. andünsten. Tomatenmark, Tomaten und 150 ml Wasser dazugeben und zugedeckt bei mittlerer Hitze 20 Min. garen. Tomaten etwas zerdrücken. Sauce mit Salz, Pfeffer und Zucker abschmecken. Schmeckt zu Polenta, Nudeln, Reis, Kartoffeln und gedünstetem Blumenkohl.

braucht etwas Zeit | schön herbstlich | unter 1,50 Euro

Kürbissuppe

Das bunte Riesengemüse leuchtet im Herbst von überall her – schnappen Sie sich ein besonders schönes Exemplar und verwöhnen Sie Freunde und Familie mit dieser herzhaften Suppe.

1 kg Kürbis (z. B. Hokkaido, Muskatkürbis, gelber Zentner)
300 g Möhren
300 g Kartoffeln
1 große Zwiebel
2 Knoblauchzehen
3 EL Öl
Salz | Pfeffer
1 EL getrockneter Majoran
1 Lorbeerblatt
1,2 l Gemüsebrühe
100 g Sahne

Für 4 Personen
◍ 40 Min. Zubereitung | 40 Min. Garen
Pro Portion ca. 265 kcal, 6 g EW, 17 g F, 23 g KH

1 Den Kürbis putzen, vierteln, schälen und entkernen. Das Fruchtfleisch in Stücke schneiden. Die Möhren putzen und schälen, die Kartoffeln schälen. Möhren und Kartoffeln waschen und in kleine Stücke schneiden.

2 Zwiebel und Knoblauch schälen. Zwiebel in kleine Würfel schneiden, Knoblauch fein hacken. Das Öl in einem Topf erhitzen. Zwiebel und Knoblauch darin kurz andünsten. Mit Salz, Pfeffer und Majoran würzen. Kürbis, Kartoffeln und Möhren unterheben und kurz mitdünsten. Das Lorbeerblatt dazugeben und die Brühe zugießen. Alles aufkochen und bei mittlerer Hitze 40 Min. köcheln lassen.

3 Die Suppe vom Herd nehmen, das Lorbeerblatt entfernen. Die Suppe fein pürieren, die Sahne dazugießen. Mit Salz und Pfeffer abschmecken.

VARIANTE – ASIATISCH MIT CURRY UND KOKOS
Statt Majoran 1 EL Currypulver dazugeben und kurz mitdünsten. Mit nur 800 ml Brühe ablöschen, dafür noch 1 Dose Kokosmilch (400 ml) dazugießen. Das Lorbeerblatt weglassen.

VARIANTE – ITALIENISCH MIT TOMATEN UND SPECK
Statt Öl 100 g geräucherten, durchwachsenen Speck fein würfeln und knusprig auslassen. Herausnehmen und Knoblauch und Zwiebeln im heißen Speckfett andünsten. Statt Majoran getrocknete ital. Kräuter verwenden. Nur 1 l Brühe verwenden, dafür 1 kleine Dose Tomaten (400 g) dazugeben. Zum Schluss den Speck über die Suppe streuen.

für den großen Hunger | unter 1 Euro

Linseneintopf

150 g geräucherter durchwachsener Speck
2 große Zwiebeln
1 Bund Suppengrün
300 g braune Tellerlinsen
1 Lorbeerblatt
500 g Kartoffeln
Salz | Pfeffer
1–2 EL Obstessig
½ Bund Petersilie

Für 4 Personen | ⏱ 1 Std. 15 Min. Zubereitung
Pro Portion ca. 570 kcal, 25 g EW, 26 g F, 59 g KH

1 Den Speck in kleine Würfel schneiden. Die Zwiebeln schälen und würfeln. Suppengrün putzen bzw. schälen und in ½ cm große Würfel schneiden.

2 Den Speck in einem großen Topf knusprig auslassen. Zwiebeln und Suppengrün dazugeben und kurz andünsten. 1,2 l Wasser dazugießen, Linsen und Lorbeer dazugeben. Bei mittlerer Hitze 1 Std. köcheln lassen.

3 Die Kartoffeln schälen, waschen und in kleine Würfel schneiden. Nach 30 Min. Garzeit zum Eintopf geben und mitgaren. Den Eintopf mit Salz, Pfeffer und Essig würzen. Die Petersilie waschen, trocken schütteln, abzupfen und fein hacken. Den Eintopf anrichten und mit Petersilie bestreuen.

TIPP

Lecker schmeckt auch etwas frisches Bohnenkraut in der Suppe. Dieses mitkochen und vor dem Servieren entfernen. Für empfindliche Mägen sind die Hülsenfrüchte so auch besser verdaulich.

raffiniert | unter 1 Euro

Kartoffelsuppe mit zweierlei Croûtons

1 kg Kartoffeln (mehligkochend)
1 Bund Suppengrün | 1 große Zwiebel
5 EL Öl
1 TL getrocknete ital. Kräuter
1 TL Parikapulver, edelsüß
1,2 l Gemüsebrühe
100 g Pumpernickel
100 g geräucherter, durchwachsener Speck

Für 4 Personen
⏱ 35 Min. Zubereitung | 40 Min. Garen
Pro Portion ca. 500 kcal, 11 g EW, 31 g F, 45 g KH

1 Kartoffeln schälen, waschen und 800 g klein schneiden. Den Rest in kaltem Wasser zur Seite stellen. Suppengrün putzen bzw. schälen, waschen und klein schneiden. Zwiebel schälen und fein würfeln.

2 3 EL Öl in einem Topf erhitzen. Zwiebel darin kurz andünsten. Kräuter und Paprika kurz mitdünsten. Klein geschnittene Kartoffeln, Suppengrün und Brühe dazugeben. Aufkochen und 40 Min. köcheln lassen.

3 Restliche Kartoffeln trocken tupfen, in Scheiben, diese in dünne Stifte schneiden. Pumpernickel zerbröseln. Speck in feine Würfel schneiden. 2 EL Öl in einer beschichteten Pfanne erhitzen. Kartoffelstifte darin bei mittlerer Hitze in 10 Min. goldbraun braten. Salzen und pfeffern. Speck in einer zweiten Pfanne knusprig auslassen. Herausnehmen und die Pumpernickelbrösel im heißen Fett knusprig braten. Speck dazugeben. Die Suppe pürieren, mit Salz und Pfeffer würzen, mit Kartoffelstiften und Speck anrichten.

Klassiker | unter 1,50 Euro

Pilzragout mit Spätzle

750 g gemischte Pilze (z. B. Champignons, Aus-
ternpilze, Kräuterseitlinge oder selbst gesuchte
Maronen, Steinpilze und Pfifferlinge)
1 Stange Lauch
6 Eier
300 g Mehl
Salz | Pfeffer
5 EL Butter
300 g Sahne
⅛ l trockener Weißwein
2–3 EL heller Soßenbinder
geriebene Muskatnuss
1–2 EL Zitronensaft
Fett für die Form

Für 4 Personen | 🕛 1 Std. 10 Min. Zubereitung
Pro Portion ca. 860 kcal, 25 g EW, 53 g F, 67 g KH

1 Die Pilze putzen und klein schneiden. Den Lauch
putzen, waschen und in feine Ringe schneiden.

2 Die Eier verquirlen und nach und nach mit dem
Mehl vermengen. Weiterschlagen, bis sich im Teig
Luftblasen bilden. Reichlich Salzwasser zum
Kochen bringen. Circa 4 EL Teig auf ein nasses,
schmales Holzbrett geben und mit einem angefeuchteten breiten Küchenmesser glatt streichen.
Mit dem Messer dünne Teigstreifen in das kochende Wasser schaben und 2 Min. garen. Die Spätzle
mit einer Schaumkelle herausheben, abschrecken,
abtropfen lassen und in eine gebutterte Form
geben. Warm stellen. So fortfahren, bis der Teig
aufgebraucht ist. 2 EL Butter schmelzen und über
die Spätzle geben.

3 2 EL Butter in einer großen beschichteten Pfanne erhitzen. Die Pilze darin rundherum anbraten.
Mit Salz und Pfeffer würzen. 1 EL Butter und den
Lauch dazugeben. 2–3 Min. weiterbraten. Mit Salz
und Pfeffer würzen. Sahne und Wein dazugießen,
aufkochen und 5 Min. köcheln lassen. Soßenbinder
einrühren, nochmal aufkochen. Das Ragout mit
Salz, Pfeffer, Muskat und Zitronensaft abschmecken. Pilzragout mit den Spätzle anrichten.

VARIANTE – KÄSESPÄTZLE
Zwischen die einzelnen Spätzleportionen 2 EL geriebe-
nen Emmentaler oder Bergkäse und etwas geschmolze-
ne Butter geben. Mit gebratenen Zwiebelringen und 2 EL
Käse bestreuen. Mit Salz und Pfeffer würzen. Käsespätzle im heißen Ofen bei 200° 5 Min. überbacken. Dazu
schmeckt grüner Salat.

GUT ZU WISSEN – PILZE
Herbstzeit ist Pilzzeit! Wer sich jetzt mit Korb und Messer bewaffnet in den nahe gelegenen Wald aufmacht,
findet mit etwas Sammlerglück unter anderem Maronen,
Butterpilze oder die besonders begehrten Pfifferlinge
und Steinpilze. Ohne Hilfe und Anleitung ist dies aber
nur Pilzexperten zu empfehlen. Alle anderen sollten,
bevor sie sich an den Herd stellen, eine Pilzberatungs-
stelle aufsuchen und ihren Fund fachmännisch unter die
Lupe nehmen lassen. Wer seine Pilze lieber im Supermarkt findet, kann mittlerweile unter vielen Zuchtpilz-
sorten wählen. Für den »Waldgeschmack« gibt es günstig getrocknete Mischpilze zu kaufen. Einfach mit wenig
kochendem Wasser überbrühen, 30 Min. ziehen lassen
und samt Pilzwasser mitkochen.

Kürbisnudeln

350 g Nudeln (z. B. Penne) | Salz | Pfeffer |
750 g Kürbis (z. B. Hokkaido-, Garten- oder Muskatkürbis | 1 große Zwiebel | 1 Knoblauchzehe |
100 g geräucherter, durchwachsener Speck | 2 EL
Öl | 100 g gehackte Mandeln | 1 Msp. Zimtpulver |
1 gehäufter TL Mehl | 200 ml warme Gemüsebrühe | 100 g Sahne | 1 TL flüssiger Honig

Für 4 Personen | ◎ 45 Min. Zubereitung
Pro Portion ca. 800 kcal, 21 g EW, 44 g F, 80 g KH

1 Die Nudeln in einem großen Topf in reichlich
kochendem Salzwasser nach Packungsangabe
garen. Den Kürbis putzen, schälen und in kleine
Würfel schneiden. Die Kürbiswürfel 3–5 Min. vor
Garzeitende zu den Nudeln geben und mitgaren.
Nudeln und Kürbis abgießen und abtropfen lassen.

2 Zwiebel und Knoblauch schälen und fein würfeln. Den Speck fein würfeln. Das Öl in einer Pfanne
erhitzen. Den Speck im heißen Öl knusprig ausbraten, herausnehmen. Mandeln, Zwiebel und Knoblauch im heißen Speckfett andünsten. Mit Zimt und
Mehl bestäuben, kurz andünsten. Unter Rühren mit
Brühe und Sahne ablöschen. Aufkochen und 3 Min.
köcheln lassen.

3 Den Speck zur Sauce geben. Die Sauce mit Salz,
Pfeffer und Honig abschmecken. Nudeln und Kürbis
mit der heißen Sauce vermengen.

VARIANTE – KÜRBIS-MASCARPONE-CREME
Für die Creme 400 g Kürbis schälen, entkernen und würfeln. In 1 EL Butter mit ½ TL Zimtpulver, 1 Msp. gemahlenem Kardamom, 1 EL Zucker und 1 TL Zitronensaft zugedeckt bei schwacher Hitze weich dünsten. Pürieren und
auskühlen lassen. 2 EL Mandelblättchen goldbraun rösten. 150 g Mascarpone glatt rühren. Kürbispüree mit je
1 Klecks Mascarpone anrichten. 1 EL flüssigen Honig
darübergeben und mit Mandeln bestreuen.

Fischstäbchen-Hot-Dog

2 EL Öl | 10 TK-Fischstäbchen | 4 Blätter Friseé-
salat | 4 EL Schmand | 1 EL Meerrettich (Glas) |
Salz | Pfeffer | 4 Soft Hot-Dog-Brötchen |
3 EL Röstzwiebeln (Fertigprodukt)

Für 4 Personen | ⏲ 15 Min. Zubereitung
Pro Portion ca. 330 kcal, 13 g EW, 16 g F, 33 g KH

1 Das Öl in einer beschichteten Pfanne erhitzen
und die Fischstäbchen nach Packungsangabe darin
goldbraun braten.

2 Den Salat putzen, waschen und trocken tupfen.
Schmand und Meerrrettich verrühren, mit Salz und
Pfeffer würzen. Die Hot-Dog-Brötchen quer halbieren. Die Unterseiten mit Meerrettichcreme bestreichen und mit Röstzwiebeln bestreuen. Je 1 Salat-
blatt und die Fischstäbchen darauf verteilen. Die
Brötchen zusammensetzen.

Geröstete Currynüsse

2 EL Öl | 400 g gemischte Nüsse (z. B. Haselnüs-
se, Cashewkerne und Mandeln) | je 1 gehäufter
TL Curry- und Kreuzkümmelpulver | 1 TL Salz |
2 EL Zucker

Für 4–6 Personen
⏲ 15 Min. Zubereitung | 30 Min. Kühlen
Bei 6 Personen pro Portion ca. 460 kcal, 11 g EW,
39 g F, 17 g KH

1 2 EL Öl in einer großen Pfanne erhitzen. Die Nüsse darin bei mittlerer Hitze unter Rühren in 8 Min.
goldbraun rösten.

2 Curry, Kreuzkümmel, Salz und Zucker verrühren.
Die Gewürzmischung über die Nüsse geben und
unterrühren. Alles 5 Min. unter Rühren braten. Die
Currynüsse auf ein Stück Alufolie geben und auskühlen lassen.

Sonntagsessen | gelingt leicht | unter 2 Euro

Koteletts in Zwiebelsauce mit Püree

1,2 kg mehligkochende Kartoffeln
Salz | Pfeffer
300 g Zwiebeln
4 Schweinenackenkoteletts (ca. 700 g)
3–4 EL Öl
1 TL Zucker | 2 EL Tomatenmark
1 gehäufter TL Mehl
500 ml heiße Fleischbrühe
350 ml Milch
geriebene Muskatnuss | 1 EL Butter

Für 4 Personen | ◎ 40 Min. Zubereitung
Pro Portion ca. 610 kcal, 40 g EW, 29 g F, 48 g KH

1 Die Kartoffeln schälen, waschen und in Stücke schneiden. In Salzwasser 20–25 Min. kochen. Die Zwiebeln schälen und in dünne Ringe schneiden.

2 Die Koteletts trocken tupfen und mit Salz und Pfeffer würzen. Das Öl in einer Pfanne erhitzen und die Koteletts darin bei mittlerer Hitze von beiden Seiten 5 Min. braten. Herausnehmen.

3 Die Zwiebeln im heißen Bratfett bei mittlerer Hitze 8 Min. dünsten. Mit Salz, Pfeffer und Zucker würzen und herausnehmen. Tomatenmark und Mehl in der heißen Pfanne 5 Min. rösten, unter Rühren mit der Brühe ablöschen. Die Sauce aufkochen, Zwiebeln und Fleisch dazugeben. Alles zugedeckt 8 Min. schmoren. Die Milch erhitzen.

4 Die Kartoffeln abgießen und kurz im heißen Topf ausdampfen lassen. Nach und nach die Milch dazugießen. Dabei die Kartoffeln zu Püree zerstampfen. Das Püree mit Salz, Pfeffer und Muskat würzen, die Butter unterrühren. Zwiebelsauce abschmecken und mit Koteletts und Püree anrichten.

GUT ZU WISSEN – TEILSTÜCKE VOM SCHWEIN

Bauchspeck ist gut mit Fett durchwachsen. Roh wird er zum Grillen und für deftige Eintöpfe verwendet. Gepökelt und geräuchert ist er als Speck ein unverzichtbarer Geschmacksträger.

Brust: Das Fleisch ist gut durchwachsen, es wird oft gepökelt und geräuchert. So gibt es z. B. deftigen Eintopfgerichten einen herzhaften Geschmack.

Filet/Lende: Ist das zarteste und edelste Stück vom Schwein. Es wiegt zwischen 600 g und 800 g. Aus dem Mittelteil werden die schönsten Medaillons geschnitten.

Haxe/Eisbein: Des Deutschen liebstes Wirtshausessen. Die Haxe wird klassisch gebraten oder gegrillt und mit Knödeln und Krautsalat serviert. Für Eisbein wird sie gepökelt, gekocht und mit Sauerkraut und Erbsenpüree serviert.

Keule: Aus diesem großen Stück lassen sich zarte Schnitzel, delikate Rollbraten und magere Gulaschwürfel schneiden. Aber auch saftige große Braten und Grillfleisch kommen aus der Keule.

Nacken: Das Fleisch ist mit Fettadern durchzogen; dank ihnen bleibt es bei der Zubereitung saftig. Das günstige Stück, auch Hals oder Kamm genannt, eignet sich bestens zum Braten, Schmoren und besonders zum Grillen.

Rücken: Ist ein Stück aus der Hinterhälfte vom Schwein. Zusammen mit dem Nacken und dem Filet wird der Rücken auch Kotelettstrang genannt.

Schulter: Fleisch für ein saftiges Schweinegulasch oder einen Schmorbraten wird meist aus der Schulter geschnitten. Das Fleisch ist recht grobfaserig und sollte länger geschmort werden.

Kartoffel-Würstchen-Ragout

800 g Kartoffeln
1 große Stange Lauch (ca. 400 g)
1 Bund Petersilie
50 g Butter
Salz | Pfeffer
50 g Mehl
¼ l heiße Gemüsebrühe
½ l Milch
200 g Wiener Würstchen
1 EL Zitronensaft

Für 4 Personen | 🕙 40 Min. Zubereitung
Pro Portion ca. 500 kcal, 16 g EW, 28 g F, 43 g KH

1 Die Kartoffeln waschen und mit Schale in kochendem Wasser 20–25 Min. garen. Den Lauch putzen, waschen und in Ringe schneiden. Die Petersilie waschen und trocken tupfen. Die Blättchen abzupfen und fein hacken.

2 Die Butter in einem weiten Topf erhitzen. Lauch darin unter Rühren kurz andünsten. Mit Salz und Pfeffer würzen. Das Mehl gleichmäßig darüberstäuben und unter Wenden kurz andünsten. Erst die heiße Brühe unter Rühren langsam dazugießen, dann die Milch. Alles unter Rühren aufkochen und 5 Min. bei schwacher Hitze köcheln lassen.

3 Die Kartoffeln abgießen, abschrecken und pellen. In Stücke schneiden und zum Lauch geben. Die Würstchen in Scheiben schneiden. Würstchen und Petersilie unter die Kartoffeln heben. Das Ragout mit Salz, Pfeffer und Zitronensaft abschmecken.

Pute »Stroganoff«

200 g Champignons
1 große Zwiebel
300 g Putenbrust
300 g Bandnudeln
Salz | Pfeffer | 5 EL Öl
1 gehäufter EL Mehl
125 ml heiße Geflügelbrühe
¼ l Milch | 2 EL Senf
2–3 Gewürzgurken
Zucker

Für 4 Personen | 🕙 30 Min. Zubereitung
Pro Portion ca. 545 kcal, 34 g EW, 17 g F, 64 g KH

1 Champignons putzen und in Scheiben schneiden. Zwiebel schälen und fein würfeln. Fleisch trocken tupfen und in dünne Streifen schneiden. Nudeln in kochendem Salzwasser nach Packungsangabe garen.

2 3 EL Öl in einer Pfanne erhitzen und das Fleisch darin in 5 Min. goldbraun braten. Mit Salz und Pfeffer würzen und herausnehmen.

3 2 EL Öl in der heißen Pfanne erhitzen und die Pilze darin 5 Min. braten, Zwiebelwürfel 1 Min. mitbraten. Salzen und pfeffern. Das Mehl darüberstäuben und kurz andünsten. Unter Rühren mit Brühe und Milch ablöschen. Aufkochen und offen 5 Min. köcheln lassen.

4 Den Senf in die Sauce rühren. Gurken in Scheiben schneiden und mit Fleisch unterheben. Sauce mit Salz, Pfeffer und 1 Prise Zucker abschmecken. Nudeln abgießen und abtropfen lassen. Alles anrichten.

für Gäste | besonders | unter 2 Euro

Geschmortes Kasseler mit Äpfeln und Trauben

Hier schmoren herzhaft gepökeltes Kasseler, Zwiebeln, Äpfel und Trauben ihrer köstlichen Vollendung entgegen. Ein Schuss Cidre gibt das gewisse Etwas!

750 g ausgelöstes Kasselerkotelett
Pfeffer | Salz
5 EL Öl
300 ml Fleischbrühe
2 Zwiebeln
2 rotschalige Äpfel
200 g blaue Weintrrauben
1 kg Kartoffeln
100 ml herber Cidre (frz. Apfelwein)
2 EL heller Soßenbinder

Für 4–6 Personen
◎ 15 Min. Zubereitung | 1 Std. Schmoren
Pro Portion ca. 545 kcal, 29 g EW, 30 g F, 37 g KH

1 Das Kasseler trocken tupfen und mit Pfeffer einreiben. Das Öl in einem Bräter erhitzen und das Fleisch darin rundherum kräftig anbraten. 150 ml Fleischbrühe dazugießen. Aufkochen und zugedeckt bei mittlerer Hitze 1 Std. schmoren. Dabei das Kasseler einmal wenden.

2 Die Zwiebeln schälen und in dünne Spalten schneiden. Die Äpfel waschen, vierteln und in Spalten schneiden. Die Trauben waschen, halbieren und entkernen. Die Kartoffeln schälen, waschen und in Stücke schneiden. In Salzwasser 20–25 Min. kochen.

3 20 Min. vor Garzeitende die restliche Brühe, Cidre, Zwiebeln, Äpfel und Trauben zum Fleisch in den Bräter geben. Zugedeckt fertig schmoren.

4 Das Fleisch aus dem Bräter nehmen und mit dem Apfel-Trauben-Gemüse auf einer vorgewärmten Platte anrichten. Soßenbinder in die Sauce rühren und aufkochen lassen. Sauce mit Salz und Pfeffer abschmecken. Die Kartoffeln abgießen und kurz im heißen Topf ausdampfen lassen. Mit Sauce zu Fleisch und Apfel-Trauben-Gemüse reichen.

AUSTAUSCH-TIPPS
Statt Äpfeln und Trauben schmecken Birnen oder frische Pflaumen; im Sommer sogar Pfirsiche und Nektarinen. Oder Sie nehmen eine Handvoll Backobst und schmoren die getrockneten Früchte 30 Min. mit. Den Cidre können Sie durch dunkles Bier, trockenen Weiß- oder Rotwein ersetzen. Breite Bandnudeln, Klöße oder Gnocchi schmecken mit der leckeren Sauce auch ganz köstlich!

Schupfnudelauflauf mit Fleischkäse

2 Stangen Lauch | 200 g Fleischkäse (am Stück) | 3 EL Öl | Salz | Pfeffer | 500 g Schupfnudeln (Kühlregal) | 3–4 EL Röstzwiebeln | 200 g Sahne | 1 TL Speisestärke | 100 ml Fleischbrühe | 3 Stängel Petersilie | Fett für die Form

Für 4 Personen
🕐 25 Min. Zubereitung | 30 Min. Backen
Pro Portion ca. 625 kcal, 18 g EW, 43 g F, 50 g KH

1 Den Lauch putzen, waschen und in Ringe schneiden. Den Fleischkäse in 1 cm breite Streifen schneiden. Das Öl in einer Pfanne erhitzen. Fleischkäse darin rundherum 5 Min. braten, herausnehmen. Lauch in das heiße Bratfett geben und zugedeckt unter Wenden bei mittlerer Hitze 5 Min. dünsten. Eventuell 3–4 EL Wasser dazugeben. Mit Salz und Pfeffer würzen.

2 Den Backofen auf 200° vorheizen. Eine Auflaufform fetten. Schupfnudeln, Fleischkäse, Lauch und Röstzwiebeln mischen und in die Form geben. Sahne und Stärke verrühren, die Brühe einrühren. Mit Salz und Pfeffer würzen. Die Sahnemischung über den Auflauf gießen. Den Auflauf im Ofen (Mitte, Umluft 180°) 30 Min. backen.

3 Die Petersilie waschen, trocken schütteln und grob hacken. Petersilie über den fertigen Auflauf streuen und anrichten.

asiatisch | unter 1,50 Euro

Schnitzelpfanne süßsauer

200 g Langkornreis | Salz | Pfeffer | 2 Stangen Lauch | 3 mittelgroße Möhren | 1 große Zwiebel | 1 Knoblauchzehe | 300 g Schweineschnitzel | 3 EL Öl | 1 Dose Ananasstücke (350 g) | 100 ml süßsaure Asiasauce | 3–4 EL Sojasauce

Für 4 Personen | ⏲ 40 Min. Zubereitung
Pro Portion ca. 460 kcal, 23 g EW, 10 g F, 69 g KH

1 Den Reis in kochendem Salzwasser nach Packungsangabe garen. Den Lauch putzen, waschen und in Ringe schneiden. Die Möhren putzen, schälen, längs halbieren und in dünne Scheiben schneiden. Zwiebel und Knoblauch schälen. Zwiebel würfeln, Knoblauch fein hacken. Das Fleisch trocken tupfen und in Streifen schneiden.

2 Das Öl im Wok oder in einer Pfanne erhitzen. Das Fleisch darin in 5 Min. goldbraun braten. Mit Salz und Pfeffer würzen, herausnehmen. Die Möhren in das heiße Bratfett geben und 2 Min. dünsten.

Dann Lauch, Zwiebel und Knoblauch dazugeben und alles zugedeckt bei mittlerer Hitze 5 Min. braten. Wenn das Gemüse zu trocken wird, 3–4 EL Wasser dazugeben. Mit Salz und Pfeffer würzen.

3 Die Ananas abgießen, den Saft dabei auffangen. Die Hälfte vom Saft mit Asiasauce und Sojasauce verrühren. Saucenmischung zum Gemüse geben und alles aufkochen. Fleisch und Ananas unterheben und erhitzen. Die Asiapfanne mit Salz und Pfeffer würzen. Den Reis abgießen, abtropfen lassen. Alles anrichten.

GUT ZU WISSEN – ASIAWÜRZE
Die glorreichen Vier, Chili, Knoblauch, Sojasauce und Ingwer, geben asiatischen Gerichten den typischen Geschmack. Einfach Chili, Knoblauch und Ingwer fein hacken und in Öl andünsten. Dann klein geschnittenes Fleisch und Gemüse dazugeben und unter Wenden gar braten. Mit Sojasauce würzen, fertig!

schnell | unter 1,50 Euro

Bandnudeln in Pestosahne

400 g Bandnudeln
Salz | Pfeffer
1 Bund Frühlingszwiebeln
50 g Walnusskerne
1 EL Öl
1 TL Mehl
200 g warme Fleischbrühe
100 g Sahne
4 EL grünes Pesto (Glas)
100 g gekochter Schinken in Scheiben

Für 4 Personen | 🕐 15 Min. Zubereitung
Pro Portion ca. 580 kcal, 21 g EW, 20 g F, 80 g KH

1 Die Nudeln nach Packungsangabe in kochendem Salzwasser garen. Die Frühlingszwiebeln putzen, waschen und in Stücke schneiden. Walnüsse hacken und in einer großen Pfanne ohne Fett goldbraun rösten, herausnehmen.

2 Das Öl in der heißen Pfanne erhitzen und die Frühlingszwiebeln darin andünsten. Mit Salz und Pfeffer würzen. Das Mehl darüberstäuben, kurz andünsten. Mit Brühe und Sahne ablöschen. Das Pesto einrühren. Alles aufkochen und bei mittlerer Hitze offen 5 Min. köcheln lassen. Mit Salz und Pfeffer abschmecken.

3 Die Nudeln abgießen und abtropfen lassen. Den Schinken in Streifen schneiden. Die Nudeln in die Pfanne geben und mit der Sauce vermengen. Mit Schinkenstreifen und gerösteten Walnüssen anrichten.

für Gemüsefans | unter 1,50 Euro

Honigkürbis vom Blech

1 Hokkaido-Kürbis (ca. 1 kg)
800 g Kartoffeln
5 EL Olivenöl
Salz | Pfeffer
1 EL getrockneter Majoran
100 g Frühstücksspeck in Scheiben
2 große Zwiebeln
1 Knoblauchzehe
1 EL flüssiger Honig
1 TL Apfelessig
200 g Kräuterquark (Kühlregal)

Für 4 Personen | 🕐 1 Std. Zubereitung
Pro Portion ca. 480 kcal, 19 g EW, 28 g F, 38 g KH

1 Den Backofen auf 200° vorheizen. Den Kürbis gründlich waschen, vierteln und die Kerne herauskratzen. Das Fruchtfleisch in 1 cm dicke Streifen schneiden. Die Kartoffeln gründlich waschen und in 1 cm dicke Scheiben schneiden.

2 Das Öl mit 1 TL Salz, Pfeffer und Majoran verrühren. Kürbis, Kartoffeln und Würzöl auf der Fettpfanne des Backofens vermengen. Im Ofen (Mitte, Umluft 180°) 45 Min. backen.

3 Die Speckscheiben dritteln. Zwiebeln und Knoblauch schälen. Zwiebeln in dünne Spalten schneiden, Knoblauch fein hacken. Honig, Essig und Knoblauch verrühren. Nach 25 Min. Zwiebeln und Speck auf Kartoffeln und Kürbis verteilen. Kürbisspalten mit der Honigmischung bestreichen und fertig backen. Dabei 1- bis 2-mal vorsichtig wenden. Honigkürbis und Kräuterquark anrichten.

eine Sünde wert | gelingt leicht | unter 1 Euro

Orangencreme mit Schokosauce

Orangen und Schokolade sind wie füreinander geschaffen! Besonders wenn sie als locker leichte Creme und sahnige Schokosauce daherkommen.

3 Orangen (1 davon Bio)
100 g + 1 EL Zucker
2 EL Zitronensaft
5 TL Speisestärke (50 g)
225 g Sahne
200 ml Milch
50 g Nuss-Nugat-Creme
1 TL Kakaopulver
nach Belieben halbierte Orangenscheiben und geschlagene Sahne zum Verzieren

Für 4 Personen
⊛ 45 Min. Zubereitung | 3 Std. 40 Min. Kühlen
Pro Portion ca. 470 kcal, 7 g EW, 24 g F, 55 g KH

1 Die Bio-Orange waschen, trocken reiben und die Schale fein abreiben. Orangen auspressen. 350 ml Wasser mit der Orangenschale und 100 g Zucker aufkochen.

2 Den Orangensaft mit Wasser zu 350 ml auffüllen. Zitronensaft und 50 ml Wasser mit 4 TL (40 g) Stärke verrühren und mit dem Orangensaft verrühren. Orangensaftmischung mit einem Schneebesen langsam unter Rühren in das kochende Zuckerwasser rühren. Alles unter Rühren aufkochen. Vom Herd nehmen und auskühlen lassen.

3 Für die Sauce 100 g Sahne und 150 ml Milch aufkochen. Die Nuss-Nugat-Creme, 1 EL Zucker und den Kakao in die Sahnemilch rühren. 50 ml Milch und 1 TL (10 g) Stärke verrühren und in die kochen-

de Sahnemilch rühren. Einmal aufkochen lassen. Unter gelegentlichem Rühren auskühlen lassen.

4 125 g Sahne steif schlagen und mit einem Schneebesen gleichmäßig unter die erkaltete Orangenreme heben. Die Creme in Dessertgläser geben und mindestens 3 Std. kalt stellen.

5 Zum Servieren etwas Schokosauce auf die Orangencreme geben und nach Belieben mit Orangenscheiben und Sahne verzieren. Den Rest der Schokosauce dazu reichen.

TIPP
Die Schokosauce schmeckt auch köstlich zu Milchreis, Grießbrei, süßen Pfannkuchen oder noch heiß zu Vanille- oder Erdbeereis.

GUT ZU WISSEN – ORANGEN
Orangen sind in der kalten Jahreszeit nicht nur wegen ihres vitaminreichen Saftes sehr beliebt. Auch ihre Schale verleiht vielen herzhaften Gerichten, Desserts und Kuchen eine raffiniert frische Note. Wird die Schale der Frucht verwendet, sollte Bioware beim Einkauf die erste Wahl sein. Nur so können Sie sicher sein, dass weder Pestizide noch Schalenbehandlungsmittel eingesetzt wurden. Falls Sie keine Bio-Orangen bekommen, gibt es als Alternative fertig geriebene Orangenschale bei den Backzutaten im Supermarkt.

für Naschkatzen | unter 1 Euro

Birnen-Cream-Cheese-Pie

125 g weiche Butter
150 g Doppelrahmfrischkäse
2 Eigelb | 125 g Mehl
4 EL Zucker | Salz
2–3 EL Milch
6 Birnen (ca. 800 g)
2 EL Zitronensaft | 2 EL Rosinen
½ TL Zimtpulver
Fett für die Form
Mehl für die Arbeitsfläche

Für 4 Personen | ⏱ 25 Min. Zubereitung
1 Std. Kühlen | 40 Min. Backen
Pro Portion ca. 715 kcal, 9 g EW, 44 g F, 71 g KH

1 Die Butter cremig rühren. Den Frischkäse portionsweise unterrühren. 1 Eigelb unterrühren. Mehl, 2 EL Zucker und 1 Prise Salz mischen und portionsweise abwechselnd mit der Milch unter die Käsemasse rühren. Zugedeckt 1 Std. kühl stellen.

2 Backofen auf 180° vorheizen. Eine Auflaufform fetten. Die Birnen putzen, schälen, vierteln und in grobe Stücke schneiden. Mit Zitronensaft, 2 EL Zucker, Rosinen und Zimt mischen.

3 Die Früchte in die Form geben. 1 Eigelb mit 1 EL kaltem Wasser verquirlen. Den Teig auf einer bemehlten Arbeitsfläche in der Größe der Auflaufform ausrollen. Teig auf die Früchte legen, dabei etwas in Form drücken und mit Eigelbmischung bestreichen. Teig mit einem Messer oder einer Gabel mehrmals einstechen. Den Auflauf im Ofen (Mitte, Umluft 160°) 40 Min. backen.

GUT ZU WISSEN – BIRNEN

Birnen führen so wunderbare Namen wie Gute Luise, Williams Christ und Abate – und haben ab September Saison. Sie schmecken roh, zum Käse, aber auch gedünstet in herzhaften Gerichten und als Kompott. Da die süßen Früchte wenig Säure enthalten, sollte man sie immer mit etwas Zitronensaft oder Wein würzen.

Vanillequark mit Pflaumenkompott

500 g Pflaumen oder Zwetschen | 150 ml roter Fruchtnektar (z. B. Kirsche oder Traube) | 1 Msp. gemahlene Gewürznelken | 3 EL Zucker | ½ TL Speisestärke | je 250 g Sahne- und Magerquark | 1 Päckchen Vanillinzucker | 2 EL Milch

Für 4 Personen
20 Min. Zubereitung | 1 Std. Kühlen
Pro Portion ca. 285 kcal, 16 g EW, 8 g F, 36 g KH

1 Pflaumen waschen, halbieren, entkernen und klein schneiden. Mit Fruchtnektar, Nelken und 2 EL Zucker unter Rühren aufkochen. 5 Min. köcheln lassen. Stärke und 1 EL kaltes Wasser verrühren, in das Kompott rühren, aufkochen und 1 Min. köcheln lassen. Vom Herd nehmen und auskühlen lassen.

2 Quark mit 1 EL Zucker, Vanillinzucker und Milch glatt rühren. Zugedeckt kalt stellen. Zum Servieren Quark und Kompott abwechselnd in Dessertgläser oder -schalen schichten.

Süßes Knusperbrot mit Apfelkompott

125 g Weißbrot | 500 g Äpfel | 2 EL Zucker | 2 EL Rosinen | ½ Fläschchen Rumaroma | Zimtpulver | 1 EL Butter | 150 g Sahne

Für 4 Personen | 20 Min. Zubereitung
Pro Portion ca. 310 kcal, 4 g EW, 16 g F, 39 g KH

1 Weißbrot in kleine Würfel schneiden. Äpfel schälen, vierteln, entkernen und in Spalten schneiden. Äpfel, 1 EL Zucker, Rosinen, Rumaroma, 1 Msp. Zimt und 100 ml Wasser aufkochen. Bei mittlerer Hitze 2–3 Min. köcheln lassen. Vom Herd nehmen.

2 Butter in einer beschichteten Pfanne erhitzen. Brotwürfel darin bei mittlerer Hitze 5 Min. goldbraun rösten. Zum Schluss 1 EL Zucker darüberstreuen und unter Wenden schmelzen lassen. Vom Herd nehmen. Sahne steif schlagen. Knusperbrot, Äpfel und Sahne in Dessergläser schichten. Mit Zimt bestäuben.

Was Oma schon wusste

Saisontipps

Apfelsaison Im Herbst kommen heimische Äpfel frisch und günstig vom Baum auf den Markt. Jetzt schmecken sie besonders frisch und aromatisch. Auch als Apfelmus (s. rechts) oder Apfelkuchen sind sie unschlagbar. Wer genug Platz hat, kann sie im Vorrat halten: An einem kühlen Ort die Äpfel nebeneinanderlegen, ohne dass sie sich berühren. Faule Früchte immer wieder aussortieren.

Vielfältiges Gemüse Bunte Kürbisse machen nicht nur gute Laune, sondern auch preiswert satt! Die großen Früchte sind als Suppe, Sauce, gebacken, gebraten, gedünstet oder mit Kartoffeln als Püree lecker und unschlagbar günstig. Das gilt auch für Steckrüben, Knollensellerie und Pastinaken.

Gut und günstig – Lauch Ein besonders günstiges Herbstgemüse! Als Geschmacksgeber für Suppen und Saucen ist er aus unserer Küche nicht mehr wegzudenken. Aber probieren Sie ihn doch auch mal als Gemüse zu Frikadellen oder Bratfisch. Die Stangen erst kurz vor der Zubereitung schneiden, sonst schmecken sie bitter.

Küchentipps

Haselnüsse schälen Mit Haut sind sie günstiger als bereits gehäutet. Auf einem Blech im Backofen bei 200° 10 Min. rösten. Dann in ein Geschirrtuch geben und die Schale abrubbeln. Danach Kuchen, den Braten oder einen Auflauf im heißen Ofen garen, das spart Energie! Nüsse werden leicht ranzig, deshalb größere Vorräte einfrieren.

Doppelt gekocht spart Energie Mehr Kartoffeln kochen. Am nächsten Tag schmecken sie dann als Bratkartoffeln, Kartoffelsalat oder gerieben und mit Ei, etwas Speisestärke und Kräutern angemacht und gebraten als Kartoffelküchlein zu Salat.

Günstige Marinade Einlegeflüssigkeit von Gewürzgurken, Zwiebeln oder Paprika zum Würzen von Kartoffelsalat oder zum Einlegen von gebratenem oder gegartem Gemüse verwenden.

Sauce binden Das Geld für Soßenbinder können Sie sich sparen! Einfach etwas Butter und Mehl zu gleichen Teilen verkneten. Kühl stellen und stückchenweise zügig in die kochende Sauce rühren. Schmeckt auch viel besser!

Aus 1 mach 2 Suppen und Eintöpfe immer gleich in doppelter Menge zubereiten und einfrieren. Für das Mittagessen morgens aus dem Gefriergerät nehmen und auftauen, dann braucht man sie später nicht so lange zu erwärmen. Das spart Energie!

Apfelmus

Äpfel waschen, in Stücke schneiden und entkernen. Knapp mit Wasser bedecken, etwas Zucker und eventuell Zimtpulver dazugeben und köcheln lassen, bis die Apfelstücke zerfallen. Durch ein Haarsieb streichen. In Portionsmengen einfrieren.

Quittenkonfitüre

Für 4–5 Gläser à 250 ml
1 ½ kg Quitten | Saft und Schale von 1 Bio-Zitrone | 400 g Zucker

Quittenkonfitüre

Gewürz-Kürbis

Quitten waschen, vierteln und grob schneiden. In einem Topf bei mittlerer Hitze unter gelegentlichem Rühren in 40–50 Min. weich kochen. Mus durch ein feines Sieb streichen. 1 kg Mus abwiegen und mit Zitronenschale, -saft und Zucker in einem großen Topf verrühren. Langsam unter Rühren aufkochen. Mindestens 3 Min. sprudelnd kochen lassen. Sofort in vorbereitete Twist-off-Gläser füllen, diese verschließen und auf den Deckel stellen. Nach 10 Min. umdrehen und auskühlen lassen.

Pflaumenmus mit Sherry

Für ca. 5 Gläser à 250 ml
2 kg Zwetschen oder Pflaumen | 400 g Zucker |
1 TL Zimtpulver | 1 Päckchen Vanillinzucker |
100 ml Sherry (medium) | 2 EL Zitronensaft

Den Backofen auf 200° vorheizen. Zwetschen waschen, vierteln und entsteinen. Mit Zucker, Zimt und Vanillinzucker auf der Fettpfanne des Backofens vermengen und gleichmäßig verteilen. Im Ofen (unten, Umluft 180°) 3 ½–4 Std. köcheln. Dabei den Ofen einen Spalt offen stehen lassen, damit der Dampf entweichen kann. Am besten

einen Kochlöffel in die Tür klemmen. Masse gelegentlich umrühren und vom Rand der Fettpfanne lösen. 30 Min. vor Garzeitende Sherry und Zitronensaft unterrühren, fertig garen. Die Flüssigkeit soll völlig verdampft sein. Mus sofort in vorbereitete Twist-off-Gläser füllen; diese verschließen und auf den Deckel stellen. Nach 10 Min. umdrehen und auskühlen lassen.

Gewürz-Kürbis

Für 4 Gläser à 500 ml
1 kg geputztes Kürbisfleisch | ¾ l Apfelessig |
5 EL Zitronensaft | 300 g Zucker | 2 Zimtstangen |
1 EL Fenchelsamen | 1 EL Wacholderbeeren |
3 Lorbeerblätter

Kürbis in Würfel schneiden. Essig mit Zitronensaft, Zucker und Gewürzen aufkochen. Kürbis darin portionsweise 5–7 Min. garen. In vorbereitete Gläser füllen und den Sud darübergießen. Gläser 12 Std. kühl stellen. Sud abgießen, aufkochen und auskühlen lassen. Sud über die Kürbiswürfel geben. Gläser verschließen, kühl und dunkel aufbewahren.

Winter

Schinken-Pfeffer-Creme & Käsecreme

Diese Brotaufstriche werden sicher bald zu Ihren Lieblingssnacks gehören – sie passen zu jeder Gelegenheit und schnell gemacht sind sie obendrein!

50 g Lachsschinken | 1–2 Stängel Petersilie |
1 TL grüne Pfefferkörner (Glas) | 50 g Sahne-
schmelzkäse | 200 g Doppelrahmfrischkäse |
Salz | Pfeffer | 1–2 TL Zitronensaft | Paprikapulver,
edelsüß | 2–3 EL Milch

Für 4 Personen | ⊚ 15 Min. Zubereitung
Pro Portion ca. 205 kcal, 5 g EW, 18 g F, 4 g KH

1 Den Schinken sehr fein hacken. Die Petersilie waschen und trocken schütteln. Die Blättchen abzupfen und fein hacken. Die Pfefferkörner ebenfalls fein hacken.

2 Für die Käsecreme Schmelzkäse, 100 g Frischkäse und Petersilie glatt verrühren. Mit Salz, Pfeffer, Zitronensaft und Paprika würzen.

3 Für die Schinkencreme 100 g Frischkäse mit dem gehackten Schinken, der Milch und dem gehackten Pfeffer glatt verrühren. Mit Salz würzen. Die Cremes in Schälchen füllen.

UND DAZU?

Zu den herzhaften Cremes schmecken Laugengebäck, Salzbrezeln, Brotchips und Pumpernickeltaler. Mit ein paar knackigen Gewürzgurken, Silberzwiebeln und einem kühlen Bier wird ganz schnell eine kleine Brotzeit draus.

VARIANTE – SANDWICHES

Die Cremes eignen sich auch prima für Sandwiches! Die Schinkencreme auf 2 Toastscheiben streichen. 1 Scheibe mit 1 Scheibe Käse und dünnen Gurkenscheiben belegen, mit Salz und Pfeffer würzen und zusammenklappen. Quer halbieren. Die Käsecreme auf 2 Toastscheiben streichen und 1 Scheibe mit Schinken oder Salami, Salat und Tomatenscheiben belegen. Mit Salz und Pfeffer würzen, zusammenklappen und quer halbieren.

Selleriesticks & Asiadip

1 Knollensellerie (ca. 500 g) | Salz | 100 g Mehl |
6 EL Öl | 100 g Schmand | 100 g Vollmilchjoghurt |
5 EL süßsaure Asiasauce | Pfeffer | 2 EL Schnitt-
lauchröllchen

Für 4 Personen | ⊚ 45 Min. Zubereitung
Pro Portion ca. 325 kcal, 6 g EW, 23 g F, 24 g KH

1 Sellerie schälen, waschen und in 1 cm dicke
Scheiben, diese in 1 cm breite Stifte schneiden.
Stifte in kochendem Salzwasser 5 Min. garen.
Abgießen.

2 Mehl auf einem flachen Teller verteilen. Sticks
darin rundherum wenden. Das Öl in einer großen
beschichteten Pfanne erhitzen und die Sticks darin
in zwei Portionen bei mittlerer Hitze unter Wenden
in 10 Min. goldbraun bissfest braten, salzen. Fertige
Sticks warm stellen.

3 Inzwischen Schmand, Joghurt und Asiasauce
verrühren, salzen und pfeffern. Schnittlauch darüberstreuen. Sofort anrichten.

Stollen-Creme

100 ml Apfelsaft | 50 g Rosinen | 50 g Orangeat |
1 Msp. Zimtpulver | 2 Päckchen Vanillinzucker |
500 g Speisequark (20 % Fett) | 100 g Lebkuchen |
4 EL flüssiger Honig

Für 4 Personen
⊚ 10 Min. Zubereitung | 10 Min. Kühlen
Pro Portion ca. 395 kcal, 15 g EW, 6 g F, 44 g KH

1 Den Saft mit Rosinen, Orangeat, Zimt und Vanillinzucker aufkochen und vom Herd nehmen. Kurz
abkühlen lassen.

2 Den Quark glatt rühren und die Rosinenmi-
schung unterrühren. Den Lebkuchen zerbröseln.
Quark und Lebkuchenbrösel in Dessertgläser
schichten, mit Quark und einigen Bröseln abschlie-
ßen. 10 Min. kalt stellen. Zum Servieren den flüssigen Honig darüberträufeln.

deftig | macht satt | unter 1,50 Euro

Steckrübeneintopf mit Kasseler

Steckrüben waren lang vergessen – bei vielen Leuten hatten sie das Image vom Essen in Notzeiten. Erst vor einigen Jahren entdeckten findige Köche die wohlschmeckende Rübe wieder ... Ein Glück für alle Liebhaber der herzhaften Winterküche!

500 g Kartoffeln
1 kleine Steckrübe (ca. 800 g)
1 große Zwiebel
1 Knoblauchzehe
300 g ausgelöstes Kasselerkotelett
5 EL Öl
Salz | Pfeffer
1 Lorbeerblatt
1 EL getrockneter Majoran
1,3 l Fleischbrühe
½ Bund Petersilie
2 kleine Birnen (ca. 250 g)

Für 4 Personen | 🕐 1 Std. Zubereitung
Pro Portion ca. 470 kcal, 21 g EW, 27 g F, 35 g KH

1 Die Kartoffeln und die Rübe schälen, waschen und in kleine Würfel schneiden. Die Zwiebel schälen und klein würfeln. Knoblauch schälen und in feine Scheiben schneiden. Das Kasseler trocken tupfen und in mundgerechte Würfel schneiden.

2 Das Öl in einem großen Topf erhitzen und die Fleischwürfel darin rundherum bei mittlerer Hitze 5 Min. braten. Zwiebel und Knoblauch kurz mitbraten. Kartoffeln und Rübe unterheben und kurz andünsten. Alles mit Salz, Pfeffer, Lorbeer und Majoran würzen. Die Fleischbrühe angießen. Alles aufkochen und bei mittlerer Hitze 20 Min. köcheln lassen. Dabei gelegentlich umrühren.

3 Die Petersilie waschen und trocken schütteln. Die Blättchen abzupfen und fein hacken. Die Birnen schälen, vierteln und entkernen. Das Fruchtfleisch in Spalten schneiden. Birnenspalten in den Eintopf geben und noch 10 Min. mitgaren. Mit Salz und Pfeffer kräftig abschmecken. Den Eintopf anrichten und mit Petersilie bestreuen.

VEGETARISCHE VARIANTE – MIT RÄUCHERTOFU

200 g Räuchertofu in Würfel schneiden und in einer beschichteten Pfanne rundherum in heißem Öl anbraten. Mit Salz und Pfeffer würzen. Den Eintopf – ohne Kasseler, mit Gemüse- statt Fleischbrühe – wie beschrieben garen und zum Schluss Tofu und Petersilie darauf verteilen.

AUSTAUSCH-TIPP

Statt mit Birnen können Sie den Eintopf auch mit 150 g Apfelmus zubereiten. Dieses am Schluss unterrühren und noch mal erhitzen.

VORRATS-TIPP

Bei Eintöpfen lohnt es sich, die doppelte oder dreifache Menge zuzubereiten. Abkühlen lassen und für den Vorrat portionsweise in Gefrierbeuteln oder -dosen einfrieren.

Klassiker | unter 1 Euro

Erbseneintopf

400 g ungeschälte Erbsen
250 g Kartoffeln
1 Bund Suppengrün
250 g geräucherter durchwachsener Speck
100 g Sahne
Salz | Pfeffer
1 EL Zitronensaft

Für 4 Personen | ⊚ 12 Std. Einweichen
30 Min. Zubereitung | 1¼ Std. Garen
Pro Portion ca. 575 kcal, 13 g EW, 49 g F, 20 g KH

1 Die Erbsen in 1½ l kaltem Wasser über Nacht einweichen. Am nächsten Tag die Erbsen im Einweichwasser aufkochen und 1¼ Std. bei mittlerer Hitze köcheln lassen.

2 Die Kartoffeln schälen, waschen und in kleine Würfel schneiden. Das Suppengrün putzen bzw. schälen, waschen und ebenfalls klein würfeln. 30 Min. vor Garzeitende Kartoffeln, Suppengrün und Speck zu den Erbsen geben und mitgaren.

3 Den Speck aus dem Eintopf nehmen. Die Sahne in den heißen Eintopf gießen. Den Speck klein schneiden und wieder in den Eintopf geben. Den Eintopf mit Salz, Pfeffer und Zitronensaft abschmecken und anrichten.

AUSTAUSCH-TIPP
Statt Speck schmecken auch Kasselerwürfel oder Kabanossischeiben.

für Gäste | unter 1 Euro

Rote-Bete-Suppe

500 g Rote Beten
Salz | Pfeffer
250 g Kartoffeln | 5 EL Öl
½ TL getrocknete ital. Kräuter
1 große Zwiebel
1 l Fleischbrühe
1 EL Zitronensaft | 100 g Schmand
1 TL Meerrettich

Für 4 Personen | ⊚ 50 Min. Zubereitung
Pro Portion ca. 250 kcal, 4 g EW, 20 g F, 15 g KH

1 Rote Beten waschen und in kochendem Salzwasser 30–40 Min. garen. Kartoffeln schälen, waschen, trocken tupfen und in kleine Würfel schneiden.

2 2 EL Öl in einer beschichteten Pfanne erhitzen. Die Kartoffelwürfel darin bei mittlerer Hitze unter Wenden 15–20 Min. braten. Zum Schluss mit Salz, Pfeffer und getrockneten Kräutern würzen.

3 Zwiebel schälen und klein würfeln. Rote Beten abgießen und in kaltem Wasser abkühlen lassen. Im Wasser pellen, herausnehmen und fein würfeln.

4 3 EL Öl in einem Topf erhitzen. Zwiebel und Rote Beten darin andünsten. Mit Brühe ablöschen, aufkochen und 5 Min. köcheln lassen. Fein pürieren und mit Salz, Pfeffer und Zitronensaft abschmecken. Schmand und Meerrettich verrühren. Die Suppe mit Meerrettichdip und Röstkartoffeln anrichten.

bunt und gesund | unter 1,50 Euro

Wirsingtopf mit Nudeln und Hackbällchen

Der dunkelgrüne Kohl mit den krausen Blättern gehört zu den aromatischsten Wintergemüsen! Aber er schmeckt nicht nur gut – mit seinem hohen Vitamin-C-Gehalt vertreibt er auch jede Erkältung!

500 g Wirsing

3 Möhren

1 Dose Maiskörner (425 g)

1 große Zwiebel

5 EL Öl

Zucker | Salz | Pfeffer

1,2 l Fleischbrühe

150 g Farfalle

300 g gemischtes Hackfleisch

1 EL Semmelbrösel

1 TL Senf

1 Msp. Paprikapulver, edelsüß

1 TL Majoran

Für 4 Personen | ⊕ 45 Min. Zubereitung
Pro Portion ca. 575 kcal, 27 g EW, 30 g F, 51 g KH

1 Den Wirsing putzen, waschen und in feine Streifen schneiden. Die Möhren schälen, waschen und in Scheiben schneiden. Den Mais in ein Sieb gießen und abtropfen lassen. Die Zwiebel schälen und fein würfeln.

2 3 EL Öl in einem großen Topf erhitzen und zwei Drittel der Zwiebelwürfel darin andünsten. Mit ½ TL Zucker bestreuen und karamellisieren lassen. Wirsing und Möhren dazugeben und kurz andünsten. Mit Salz und Pfeffer würzen. Mit Brühe ablöschen, aufkochen und 20 Min. bei mittlerer Hitze köcheln lassen.

3 Gleichzeitig die Farfalle nach Packungsangabe in kochendem Salzwasser garen. Hackfleisch mit übriger Zwiebel, Semmelbröseln, Senf, Paprika und Majoran zu einem glatten Teig kneten. Mit Salz und Pfeffer würzen.

4 Aus dem Hackfleischteig mit angefeuchteten Händen 12 kleine Bällchen formen. 2 EL Öl in einer beschichteten Pfanne erhitzen. Die Hackbällchen darin 5 Min. rundherum goldbraun braten. Die Pfanne vom Herd nehmen.

5 Die Nudeln abgießen und abtropfen lassen. Mais, Nudeln und Hackbällchen zum Wirsing geben und erhitzen. Den Eintopf mit Salz und Pfeffer abschmecken.

TIPP

Wirsing braucht keine langen Garzeiten! 15–20 Min. reichen aus, und so ist er auch für die schnelle Küche wunderbar geeignet. Z. B. als Beilage zu Kurzgebratenem, Frikadellen oder Bratfisch.

VARIANTE – ORANGENWIRSING

Als Gemüsebeilage für 4 Personen 600 g Wirsing putzen, waschen und in feine Streifen schneiden. In 1 EL heißer Butter andünsten. Abgeriebene Schale und den Saft von ½ Bio-Orange sowie 100 ml Fleischbrühe dazugeben. 15 Min. zugedeckt köcheln lassen. 100 g Sahne unterrühren, aufkochen und mit Salz, Pfeffer und Zucker abschmecken.

toll für Gäste | gelingt leicht | unter 1 Euro

Geflügelleber auf Salat

Perfekt als Auftakt für ein italienisches Menü! Dazu passen die saftige Wirsinglasagne (Seite 114) und die kesse Rotweinbirne (Seite 120).

50 g Mandelstifte | 400 g Hähnchenleber | 300 g Feldsalat | 1 Zwiebel | 1 Koblauchzehe | 100 ml Hühnerbrühe | 3–4 EL dunkler Aceto balsamico | 1 EL flüssiger Honig | 1 EL süßer Senf | Salz | Pfeffer | 1 TL getrocknete ital. Kräuter | 5 EL Olivenöl

Für 4–6 Personen | ⏱ 20 Min. Zubereitung
Bei 6 Personen pro Portion ca. 240 kcal, 19 g EW, 16 g F, 4 g KH

1 Mandeln in einer Pfanne ohne Fett goldbraun rösten. Leber waschen, trocken tupfen und putzen, eventuell etwas kleiner schneiden. Salat putzen, waschen und gut abtropfen lassen. Zwiebel und Knoblauch schälen. Beides fein würfeln.

2 Die Brühe mit Essig, Honig, Senf, Salz, Pfeffer und Kräutern verrühren. 2 EL Öl in einer beschichteten Pfanne erhitzen und die Lebern darin rundherum 4–5 Min. braten, mit Salz und Pfeffer würzen und herausnehmen.

3 3 EL Öl in der heißen Pfanne erhitzen, Zwiebel und Knoblauch darin kurz andünsten. Mit der Essigmischung ablöschen, aufkochen und vom Herd nehmen. Die Lebern in die Sauce geben und kurz darin schwenken. Den Salat auf Tellern anrichten. Lebern und etwas Sauce darauf verteilen, mit Mandeln bestreuen.

UND DAZU?
Ciabattabrot passt gut dazu.

ERGÄNZUNGS-TIPP
600 g Kartoffeln machen den Salat zum sättigenden Hauptgericht. Die Kartoffeln in kochendem Wasser 20–25 Min. garen. Abgießen, pellen und in Scheiben schneiden. Den Salat auf den lauwarmen Kartoffelscheiben anrichten.

Orangen-Kraut-Salat

3 Orangen | 1 Stange Lauch | 1 Dose Sauerkraut
(850 ml) | 5 EL Öl | Salz | Pfeffer | 100 ml Gemüse-
brühe | 2 EL Apfelessig | 1 TL Zucker

Für 4 Personen
⊚ 20 Min. Zubereitung | 30 Min. Ziehen
Pro Portion ca. 225 kcal, 5 g EW, 14 g F, 24 g KH

1 Orangen schälen, auch die weiße Haut vollständig entfernen. Die Filets herausschneiden, den Saft
auffangen. Lauch putzen, waschen und in dünne
Ringe schneiden. Sauerkraut abtropfen lassen.

2 1 EL Öl erhitzen, Lauch kurz andünsten, salzen
und pfeffern. Brühe dazugießen, aufkochen und
3 Min. köcheln lassen. Vom Herd nehmen.

3 Essig, Salz, Pfeffer, Zucker, Orangensaft und
4 EL Öl verrühren. Sauerkraut, Orangenfilets, Lauch
und Vinaigrette vermengen. 30 Min. ziehen lassen.
Salat abschmecken und anrichten. Dazu schmecken Bratwürstchen, Frikadellen oder Bratfisch.

Thunfisch-Salat

2 kleine Dosen Kichererbsen (à 400 g) | 2 Dosen
Thunfisch naturell (à 185 g) | 150 g geröstete
Paprika (Glas) | 1 Bund Petersilie | 4 Frühlings-
zwiebeln | 3 EL Zitronensaft | Salz| Pfeffer | 3 EL Öl

Für 4 Personen | ⊚ 30 Min. Zubereitung
Pro Portion ca. 585 kcal, 33 g EW, 29 g F, 48 g KH

1 Kichererbsen und Thunfisch in Siebe gießen und
abtropfen lassen. Paprika in kleine Würfel schneiden. Petersilie putzen, waschen und trocken schütteln, fein hacken. Frühlingszwiebeln putzen,
waschen und in feine Ringe schneiden.

2 Zitronensaft, Salz und Pfeffer verrühren, das Öl
unterrühren. Alle Salatzutaten in einer Schüssel
vermengen und 30 Min. ziehen lassen. Den Salat
mit Salz und Pfeffer abschmecken und anrichten.
Dazu schmeckt Baguette.

schneller Snack | unter 1,50 Euro

Birnentatar auf Röstbrot

125 g Mozzarella
2 Frühlingszwiebeln
150 g geräucherte Putenbrust (Stück)
1 Birne (ca. 200 g)
3 EL Apfelessig
Salz | Pfeffer | Zucker
1 TL Senf
3 EL Öl
4 Toastbrötchen zum Fertigbacken
2 TL Butter

Für 4 Personen
⊚ 20 Min. Zubereitung | 10 Min. Ziehen
Pro Portion ca. 350 kcal, 19 g EW, 19 g F, 26 g KH

1 Den Mozzarella abtropfen lassen und in feine Würfel schneiden. Frühlingszwiebeln putzen, waschen und in feine Ringe schneiden. Die Putenbrust in feine Würfel schneiden. Die Birne waschen, vierteln und entkernen. Das Fruchtfleisch in feine Würfel schneiden.

2 Den Essig mit Salz, Pfeffer, ½ TL Zucker und Senf verrühren. Öl unterrühren. Mozzarella, Zwiebeln, Putenbrust und Birne mit der Vinaigrette vermengen. 10 Min. ziehen lassen. Mit Salz und Pfeffer abschmecken.

3 Die Toastbrötchen mit einem Wellenmesser vorsichtig teilen. Die Hälften im Toaster goldbraun rösten. Etwas abkühlen lassen und mit Butter bestreichen. Tatar auf den Brötchenhälften verteilen. Mit Pfeffer würzen.

vegetarische Vorspeise | unter 1 Euro

Chicorée in Currysauce

4 kleine Chicorée (ca. 500 g)
Salz | Pfeffer
30 g + 1 EL Butter
30 g Mehl | 1 TL Currypulver
180 ml Gemüsebrühe
180 ml Milch | Zucker
2 Scheiben Toastbrot
½ Bund Petersilie
abgeriebene Schale von ½ Bio-Orange

Für 4 Personen | ⊚ 35 Min. Zubereitung
Pro Portion ca. 200 kcal, 5 g EW, 12 g F, 18 g KH

1 Den Chicorée putzen, halbieren und waschen. In einem weiten Topf oder in einer Pfanne in wenig kochendem Salzwasser 5 Min. garen.

2 Den Backofen auf 200° vorheizen. 30 g Butter in einem Topf schmelzen. Mehl und Curry darüberstäuben und kurz anschwitzen. Unter Rühren mit Brühe und Milch ablöschen. Unter Rühren aufkochen und bei mittlerer Hitze 5 Min. köcheln lassen. Mit Salz, Pfeffer und Zucker abschmecken.

3 Den Chicorée herausheben, abtropfen lassen und die Hälften in vier kleine Auflaufförmchen verteilen. Currysauce darübergießen. Im Ofen (Mitte; Umluft 180°) 15 Min. backen.

4 Den Toast fein zerbröseln und in 1 EL heißer Butter goldbraun rösten. Salzen, aus der Pfanne nehmen und abkühlen lassen. Petersilie waschen, trocken schütteln und abzupfen, fein hacken. Brösel, Orangenschale und Petersilie vermengen. Chicorée aus dem Ofen nehmen und die Brösel darüberstreuen. Mit Baguette servieren.

oben: Chicorée in Currysauce | unten: Birnentatar auf Röstbrot

deftig | für die ganze Familie | unter 2 Euro

Hackbraten mit Biersauce

Wenn es diesen Hackbraten gibt, sitzen garantiert alle pünktlich am Tisch! Und das Beste: Das Fleisch gart ganz sauber in Folie – so bleibt der Backofen blitzblank und die Laune gut!

3 Zwiebeln
1 Rotkohl (ca. 1 kg)
5 EL Öl
½ TL Zimtpulver
1–2 TL Apfelessig
300 ml Gemüsebrühe
750 g gemischtes Hackfleisch
1 Ei | Salz | Pfeffer
1 EL Senf
2 EL Tomatenmark
¼ l dunkles Bier | Zucker

Für 4 Personen | ⏲ 2 Std. Zubereitung
Pro Portion ca. 710 kcal, 43 g EW, 52 g F, 10 g KH

1 Die Zwiebeln schälen und fein würfeln. Den Rotkohl putzen, waschen und in feine Streifen hobeln oder schneiden. 3 EL Öl in einem Topf erhitzen, ein Drittel der Zwiebelwürfel darin kurz andünsten. Den Kohl dazugeben, mit Zimt und Essig würzen. 200 ml Brühe dazugießen und alles zugedeckt bei schwacher Hitze 1¼ Std. schmoren. Eventuell etwas Brühe nachgießen.

2 Den Backofen auf 200° vorheizen. Das Hackfleisch mit einem Drittel der Zwiebelwürfel, dem Ei, ½ TL Salz, Pfeffer und Senf verkneten. Die Hackmasse zu einem Laib formen und in Alufolie wickeln. Auf das Backblech legen und im Ofen (Mitte; Umluft 180°) 45–50 Min. garen.

3 2 EL Öl in einem Topf erhitzen. Die übrigen Zwiebelwürfel darin kurz andünsten. Das Tomatenmark dazugeben und 5 Min. anrösten. Mit 100 ml Brühe und dem Bier unter Rühren ablöschen. Alles aufkochen und offen 5 Min. köcheln lassen. Den Rotkohl mit Salz, Pfeffer und Zucker abschmecken. Die Sauce mit Salz und Pfeffer würzen.

4 Den Hackbraten aus dem Ofen nehmen und kurz ruhen lassen. Die entstandene Garflüssigkeit zur Sauce gießen. Den Braten in Scheiben schneiden und mit Rotkohl und Biersauce anrichten.

UND DAZU?
Am besten passen Kartoffelklöße.

1 TEIG – 3 BRATEN
ORIENTALISCH
1 gestrichenen EL Kreuzkümmel und 2 EL eingeweichte Rosinen unter den Hackteig kneten. Nach dem Braten die Sauce mit 200 ml Brühe, 100 g Sahne und 1 TL Speisestärke zubereiten.
ITALIENISCH
1–2 EL getrocknete italienische Kräuter und 2 EL Pesto unter den Hackteig kneten. Die Sauce mit je 100 ml Brühe, Weißwein, Sahne und 1 TL Speisestärke zubereiten.
ASIATISCH
1 EL fein gehackten Ingwer, 3 EL Sweet-Chili-Sauce und 2 EL Sojasauce unter den Hackteig kneten. Die Sauce mit 200 ml Brühe, 100 ml Ananassaft und 1 TL Speisestärke zubereiten.

herzhaft | unter 2 Euro

Selleriepüree & Apfel zu Bratwurst

600 g Kartoffeln
500 g Knollensellerie
Salz | Pfeffer
3 kleine rotschalige Äpfel
2 Zwiebeln | 2 EL Öl
4 grobe rohe Bratwürste (ca. 400 g)
½ TL getrockneter Majoran
2 EL Butter | 350 ml heiße Milch

Für 4 Personen | 45 Min. Zubereitung
Pro Portion ca. 625 kcal, 17 g EW, 44 g F, 41 g KH

1 Kartoffeln und Sellerie schälen, waschen und in Stücke schneiden. In kochendem Salzwasser 20 Min. garen. Die Äpfel waschen und die Kerngehäuse mit einem Apfelausstecher entfernen. Die Zwiebeln schälen und in dünne Ringe schneiden.

2 Öl in einer Pfanne erhitzen, die Würste rundum bei schwacher Hitze 10–12 Min. braten. Zwiebeln 5 Min. mitbraten. Majoran und 100 ml Wasser dazugeben, aufkochen und 2 Min. köcheln. Salzen und pfeffern.

3 Die Äpfel in ½ cm dicke Scheiben schneiden. Die Butter erhitzen und die Apfelscheiben darin von beiden Seiten 5 Min. braten. Mit Salz und Pfeffer würzen.

4 Kartoffeln und Sellerie abgießen und im heißen Topf kurz ausdampfen lassen. Milch erhitzen, dazugießen und dabei alles zu Püree zerstampfen. Mit Salz und Pfeffer würzen. Püree, Bratwürste, Majoranzwiebeln und Apfelringe anrichten.

Klassiker | unter 1 Euro

Senfeier zu Petersilienkartoffeln

1 kg Kartoffeln
Salz | Pfeffer
8 Eier | 1 Zwiebel
50 g Butter | 40 g Mehl
350 ml warme Gemüsebrühe
350 ml Milch
½ Bund Petersilie
3–4 EL mittelscharfer Senf
Zucker

Für 4 Personen | 30 Min. Zubereitung
Pro Portion ca. 510 kcal, 23 g EW, 27 g F, 44 g KH

1 Die Kartoffeln schälen, waschen und in Stücke schneiden. In Salzwasser 15 Min. kochen. Die Eier in Wasser 8 Min. kochen. Die Zwiebel schälen und fein würfeln.

2 Die Butter in einem Topf erhitzen. Die Zwiebel darin kurz andünsten. Mehl darüberstäuben und kurz andünsten. Unter Rühren mit Brühe und Milch ablöschen. Unter Rühren aufkochen und bei mittlerer Hitze 5 Min. köcheln lassen. Die Petersilie waschen, trocken schütteln, abzupfen und fein hacken.

3 Die Eier abgießen, abschrecken und pellen. Den Senf in die Sauce rühren, mit Salz, Pfeffer und Zucker abschmecken. Eier in die Sauce geben. Die Kartoffeln abgießen und kurz im Topf ausdampfen lassen. Die Petersilie dazugeben und kurz schwenken. Petersilienkartoffeln und Senfeier anrichten. Dazu schmeckt ein frischer Salat.

für die Familie | unter 1 Euro

Wirsinglasagne

6 große Wirsingblätter
Salz | Pfeffer
60 g Butter | 60 g Mehl
350 ml Fleischbrühe
350 ml Milch
geriebene Muskatnuss
150 g gekochter Schinken in Scheiben
100 g Bergkäse
150 g Lasagneplatten (ohne Vorkochen)

Für 4 Personen
⊕ 35 Min. Zubereitung | 45 Min. Backen
Pro Portion ca. 520 kcal, 26 g EW, 26 g F, 44 g KH

1 Den Wirsing waschen und in kochendem Salzwasser 2 Min. vorgaren. Herausnehmen, abschrecken und abtropfen lassen. Die Blätter halbieren, dabei den Strunk etwas flacher schneiden.

2 Für die Béchamelsauce die Butter in einem Topf erhitzen. Mehl unter Rühren kurz darin andünsten. Brühe und Milch unter Rühren dazugießen. Die Sauce aufkochen und bei mittlerer Hitze 5 Min. köcheln lassen. Mit Salz, Pfeffer und Muskat abschmecken.

3 Den Backofen auf 200° vorheizen. Die Schinkenscheiben vierteln. Den Käse grob reiben. Etwas Béchamelsauce in eine Auflaufform geben und die Form mit Lasagneblättern auslegen. Mit etwas Wirsing und Schinken belegen. Mit Sauce bedecken und mit etwas Käse bestreuen. So weiterschichten, bis die Zutaten verbraucht sind. Die letzte Schicht soll Sauce und Käse sein. Die Lasagne im Ofen (Mitte, Umluft 180°) 45 Min. backen.

macht satt | unter 1 Euro

Winterliches Risotto

750 g Rosenkohl
Salz | Pfeffer
1 Zwiebel
1 Knoblauchzehe
100 g geräucherter, durchwachsener Speck
2 EL Öl (z. B. Olivenöl)
300 g Rundkornreis (z. B. Risottoreis)
150 ml trockener Weißwein
gut ¾ l heiße Fleischbrühe
½ Bund Petersilie
50 g Sahneschmelzkäse

Für 4 Personen | ⊕ 1 Std. Zubereitung
Pro Portion ca. 600 kcal, 19 g EW, 26 g F, 68 g KH

1 Rosenkohl putzen, waschen und die Röschen halbieren. In kochendem Salzwasser 15 Min. garen. Zwiebel und Knoblauch schälen. Beides fein hacken. Den Speck in kleine Würfel schneiden.

2 Das Öl in einem großen Topf erhitzen. Den Speck darin knusprig auslassen und herausnehmen. Zwiebel und Knoblauch im heißen Speckfett kurz andünsten. Den Reis dazugeben und unter Rühren glasig dünsten. Mit Wein und etwas Brühe ablöschen. Restliche Brühe nach und nach angießen, dabei regelmäßig umrühren. Den Reis so in 35–40 Min. garen.

3 Petersilie waschen, trocken schütteln, abzupfen und fein hacken. Rosenkohl abgießen. Schmelzkäse und Petersilie unter den fertigen Reis rühren. Rosenkohl und Speck vorsichtig unter den Reis heben und darin erhitzen. Das Risotto mit Salz und Pfeffer abschmecken.

oben: Wirsinglasagne | unten: Winterliches Risotto

besonders | für Gäste | unter 2 Euro

Senfkrustenbraten mit Ananaskraut

Herrlich praktisch! Oben brät der knusprige Braten und unten schmort das sahnig-fruchtige Sauerkraut. Ganz entspannt können Sie schon mal mit Ihren Gästen anstoßen!

2 große Zwiebeln
1 kg Schweinekrustenbraten
Salz | Pfeffer
1 Lorbeerblatt | 1 Stange Lauch
1 große Dose Sauerkraut (850 g)
1 kleine Dose Ananasringe (235 g)
1 EL Senf | 1 TL getrockneter Majoran
200 ml Fleischbrühe
200 g Sahne | 1 kg Kartoffeln

Für 4–6 Personen | ◉ 2 Std. Zubereitung
Bei 6 Personen pro Portion ca. 595 kcal, 34 g EW,
34 g F, 36 g KH

1 Den Backofen auf 200° vorheizen. Die Zwiebeln schälen und in grobe Stücke schneiden. Die Schwarte des Schweinebratens mit einem scharfen Messer kreuzweise einritzen. Den Braten mit Salz und Pfeffer einreiben, auf den Grillrost des Backofens setzen und in die zweite Schiene von unten schieben. Die Fettpfanne darunterschieben und das Fleisch im Ofen (Mitte; Umluft 180°) 1¾ Std. braten. Nach 20 Min. ¼ l kochendes Wasser, Zwiebeln und Lorbeerblatt auf die Fettpfanne geben.

2 Den Lauch putzen, waschen und in feine Ringe schneiden. Sauerkraut und Ananasringe in Siebe geben und abtropfen lassen. Den Ananassaft dabei auffangen. Die Hälfte vom Saft mit Senf und Majoran glatt verrühren. Mit Salz und Pfeffer würzen, zum Bestreichen beiseitestellen Die Ananasringe in Stücke schneiden.

3 40 Min. vor Bratzeitende Sauerkraut, Ananas und Lauch vermengen und auf der Fettpfanne verteilen. Fleischbrühe mit restlichem Ananassaft und Sahne verrühren und darübergießen. Mit Salz und Pfeffer würzen. Den Braten 2- bis 3-mal während der Bratzeit mit der Senfmischung einstreichen, dabei das Kraut wenden.

4 Die Kartoffeln schälen, waschen und in Stücke schneiden. In Salzwasser 15–20 Min. garen. Den Braten aus dem Ofen nehmen und kurz ruhen lassen. Ananaskraut mit Salz und Pfeffer abschmecken. Den Braten in Scheiben schneiden. Die Kartoffeln abgießen und kurz im heißen Topf ausdampfen lassen. Braten, Ananaskraut und Kartoffeln anrichten.

GUT ZU WISSEN – GARZEITEN VON BRATEN
Braten können je nach Form sehr unterschiedliche Garzeiten haben. Je höher das Fleischstück ist, desto länger die Garzeit. Man rechnet pro Zentimeter Fleischdicke 10 Min. Garzeit. Wer ganz sicher gehen möchte, benutzt ein Bratenthermometer. Dieses steckt während des Garens in der Mitte des Bratens und zeigt genau, wann die gewünschte Kerntemperatur erreicht ist.

GETRÄNKE-TIPP
Zu diesem herzhaften Essen schmeckt ein kühles Bier oder ein kräftiger Roséwein am besten!

Grünkohl mit Karamellkartoffeln

1 kg Grünkohl (gerupft) | 2 Zwiebeln | 5 EL
Schweineschmalz | ¼ l Fleischbrühe | Salz | Pfef-
fer | geriebene Muskatnuss | 4 Mettenden (oder
andere Kochwürste) | 800 g kleine Kartoffeln
(vorwiegend festkochend) | Zucker | 1–2 EL Senf |
2 EL blütenzarte Haferflocken

Für 4–6 Personen | ◉ 1 ¾ Std. Zubereitung
Bei 6 Personen pro Portion ca. 500 kcal, 22 g EW,
33 g F, 25 g KH

1 Den Grünkohl waschen, abtropfen lassen und
grob hacken. Die Zwiebeln schälen und würfeln.
3 EL Schmalz in einem weiten Topf erhitzen. Die
Zwiebeln darin kurz andünsten. Den Grünkohl
dazugeben und kurz andünsten. Mit Brühe ablöschen und mit Salz, Pfeffer und Muskat würzen.
Den Kohl zugedeckt bei mittlerer Hitze 30 Min.
schmoren. Dabei gelegentlich umrühren. Dann
die Würste auf den Kohl legen und weitere 30 Min.
mitschmoren.

2 Die Kartoffeln waschen und mit Schale in kochendem Wasser 20 Min. garen. Abgießen, abschrecken und pellen. 2 EL Schmalz in einer großen
beschichteten Pfanne erhitzen. Die Kartoffeln darin
bei schwacher Hitze in 10 Min. goldbraun braten.
Mit Salz und Pfeffer würzen. Zum Schluss 1 EL
Zucker über die Kartoffeln streuen und unter Wenden schmelzen.

3 Nach Ende der Schmorzeit die Würste herausnehmen. Senf und Haferflocken unter den Kohl rühren und aufkochen lassen. Den Grünkohl mit Salz,
Pfeffer und Zucker abschmecken. Kohl, Würste und
Karamellkartoffeln anrichten.

GUT ZU WISSEN – GRÜNKOHL

Grünkohl ist im Norden Deutschlands besonders
beliebt. Hier wird der krause Winterkohl wegen seiner
Form auch liebevoll »friesische Palme« genannt. Erst
nach dem ersten Frost schmeckt er richtig gut.

Ofen-Schmarrn mit Glühweinkirschen

1 Glas Kirschen (850 ml) | 1 EL + 50 g Zucker |
1 Beutel Glühfix | 6 Eier | Salz | 150 g Sahne |
200 g Mehl | 100 g Rosinen | 2 TL Speisestärke |
Puderzucker zum Bestäuben | Butter für die Form

Für 4 Personen
🕐 15 Min. Zubereitung | 30 Min. Backen
Pro Portion ca. 715 kcal, 18 g EW, 25 g F, 106 g KH

1 Den Backofen auf 180° vorheizen. Eine Auflaufform (ca. 1½ l Inhalt) gut fetten. Die Kirschen
abtropfen lassen, den Saft dabei auffangen. Kirschsaft mit 1 EL Zucker und Glühfix aufkochen und vom
Herd nehmen.

2 Die Eier mit 50 g Zucker, 1 Prise Salz und der
Sahne mit den Schneebesen des Handrührgerätes
in 2–3 Min. cremig rühren. Das Mehl nach und nach
unterrühren. Die Rosinen unterheben. Die Masse in
die Form geben. Im Ofen (Mitte, Umluft 160°) in
30 Min. goldbraun backen.

3 Den Glühfix-Beutel aus dem Saft nehmen. Den
Kirschsaft aufkochen. Die Stärke mit 3 EL Wasser
verrühren und in den kochenden Saft geben. Aufkochen und 5 Min. köcheln lassen. Die Kirschen
dazugeben und das Kompott vom Herd nehmen.
Den Schmarrn aus dem Ofen nehmen und portionsweise mit der Sauce anrichten. Mit Puderzucker bestäuben.

TIPP
Wer mag, kann den Schmarrn in kleine Stücke reißen
und im heißen Butterschmalz rundherum braten.

AUSTAUSCH-TIPPS
Wer keine Rosinen mag, lässt sie weg und röstet sich die
gleiche Menge Mandelstifte. Einfach zum Schluss über
den Schmarrn geben.

Statt der Kirschsauce schmeckt auch Apfelmus, Rote
Grütze, Vanillesauce oder Vanilleeis.

für Gäste | unter 1,50 Euro

Rotweinbirnen mit Zitronenschmand

½ l trockener Rotwein
¼ l Orangensaft
100 g + 1 EL Zucker
½ TL Zimtpulver
4 mittelgroße feste Birnen (à ca. 180 g)
2 TL Speisestärke
100 g Schmand | 3 EL Milch
abgeriebene Schale von ½ Bio-Zitrone

Für 4 Personen
⏱ 12 Std. Ziehen | 50 Min. Zubereitung
Pro Portion ca. 405 kcal, 2 g EW, 7 g F, 62 g KH

1 Rotwein, Orangensaft, 100 g Zucker und Zimt in einem weiten Topf aufkochen. Die Birnen schälen, dabei die Stiele dranlassen. Birnen in den kochenden Sud geben und zugedeckt bei schwacher Hitze in 10–15 Min. bissfest garen, dabei wenden. Birnen samt Sud vom Herd nehmen und abkühlen lassen. Am besten über Nacht im Sud ziehen lassen. Dabei einmal wenden.

2 Birnen herausnehmen und abtropfen lassen. Den Sud aufkochen und 10 Min. köcheln lassen. Die Stärke mit 2 EL Wasser verrühren und in den Sud rühren. Aufkochen und 3 Min. köcheln lassen. Vom Herd nehmen und abkühlen lassen.

3 Schmand, Milch, 1 EL Zucker und Zitronenschale verrühren. Birnen halbieren und entkernen. Birnen, Rotweinsauce und Zitronenschmand anrichten.

UND DAZU?
Butter-Spekulatius schmecken fein dazu.

lässt sich vorbereiten | unter 1 Euro

Honigkuchen-Trifle

1 Päckchen Vanille-Puddingpulver (für ½ l Milch; zum Kochen)
5 EL Zucker
½ l Milch
200 g TK-Beerenmischung
5 Tropfen Rumaroma
8 dünne Scheiben Honigkuchen (ca. 1 cm dick)
6–7 EL Orangensaft

Für 4 Personen
⏱ 35 Min. Zubereitung | 2 Std. Ruhen
Pro Portion ca. 335 kcal, 5 g EW, 5 g F, 34 g KH

1 Das Puddingpulver mit 3 EL Zucker mischen. Nach und nach mit 6 EL Milch glatt rühren. Die übrige Milch zum Kochen bringen. Vom Herd nehmen und das angerührte Pulver mit dem Schneebesen einrühren. Den Pudding bei mittlerer Hitze aufkochen und unter Rühren 1 Min. köcheln lassen. Pudding in eine Schale geben und sofort ein Stück Frischhaltefolie direkt darauflegen (so bekommt er keine Haut). Auskühlen lassen.

2 Die Beeren mit 2 EL Zucker und Rumaroma in einen Topf geben und unter Rühren bei mittlerer Hitze aufkochen. Vom Herd nehmen und auskühlen lassen.

3 Vier Gläser mit je 1 Honigkuchenscheibe auslegen. Mit etwas Saft beträufeln. Den Pudding gut durchrühren. Je 2 EL Pudding und 1 EL Beeren auf die Honigkuchen geben. Eine zweite Honigkuchenscheibe darauflegen und mit Saft tränken. Je 2 EL Pudding und 1 EL Beeren daraufgeben. 1½ Std. zugedeckt durchziehen lassen.

Was Oma schon wusste

Saisontipps

Kellermeister Steckrüben, Kürbis, Sellerie oder Kartoffeln kann man gut lagern. Da lohnt es sich, größere Mengen günstig einzukaufen. Dann über den Winter an einem kühlen, trockenen und dunklen Ort aufbewahren. Regelmäßig überprüfen und schlecht gewordene Exemplare aussortieren.

Schalenwürze Ausgepresste Bio-Zitronen und -Orangen nicht wegwerfen. Die Schale abreiben oder dünn schälen und (z. B. nach dem Backen) im ausgeschalteten Ofen trocknen. Für den Vorrat die trockene Schale in Zucker legen und zum Würzen von Kuchen und Desserts verwenden. Mit einem Stück Butterbrotpapier auf der Reibe geht das Reiben und Reinigen übrigens besonders leicht.

Küchentipps

Zitronenmassage Mehr Saft erhält man, wenn man die ganze Frucht vor dem Auspressen auf dem Tisch kräftig hin- und herrollt.

Keksreste vom Weihnachtsgebäck schmecken geschichtet mit Pudding, Sahne oder Quark und Kompott sehr lecker!

Weihnachten ade Ungeliebte Schokoweihnachtsmänner fein reiben und als Schokoraspel oder eingeschmolzen für Desserts, Torten und Milchkaffee verwenden.

Sekt und Wein für Saucen Reste von den Feiertagen zum Verfeinern von Saucen verwenden. Im Eiswürfelbereiter einfrieren. Die Würfel zum Abschmecken, auch von Kompott, verwenden.

Nicht ei-nerlei Haben Sie auch schon Eier weggeworfen, weil Sie nicht wussten, wie alt sie sind? Einfach Karton oder Eier mit Datum beschriften, so können Sie die Eier früh genug verbrauchen. Eier mit eingerissener Schale nicht wegwerfen. Einfach vor dem Kochen in Alufolie wickeln, so fließt kein Eiweiß aus der Schale. Auch Eier, die im Karton festkleben, sind zu retten. Den Karton in Wasser einweichen, so kann man sie leicht lösen.

Butter-Stollen

In der kalten Jahreszeit ist es besonders schön, zusammen in der gemütlich warmen Küche zu sitzen. Zusammen kochen, essen, Tee oder Glühwein trinken oder schon mal den Stollen für die Vorweihnachtszeit backen.

Für 2 Stück à ca. 20 Scheiben
1 kg Mehl | 2 Päckchen Trockenhefe | 100 g Zucker | Salz | 2 Eier | 375 ml lauwarme Milch | 600 g Butter | 1 TL Zimtpulver | 300 g Rosinen | 100 ml brauner Rum | 200 g gehackte Mandeln | je 100 g Zitronat und Orangeat | 100 g Puderzucker

Mehl und Hefe mischen und in eine große Schüssel geben. Zucker, 1 Prise Salz, Eier, Milch, 500 g Butter in Stückchen und Zimt dazugeben. Alles zu einem glatten Teig verkneten und zugedeckt an einem warmen Ort 1 Std. gehen lassen. Rosinen in Rum einweichen.
Teig ca. 2 cm dick ausrollen. Abgetropfte Rosinen, Mandeln, Zitronat und Orangeat mischen und auf dem Teig verteilen. Aufrollen und den Teig noch

Butter-Stollen

Schmalznüsse

mal zügig durchkneten. Teig halbieren und zu zwei Laiben formen. Mit einem Holzstab die Mitte längs eindrücken und nach einer Seite etwas flacher rollen. Diese flache Seite nach oben klappen und festdrücken. Stollen zugedeckt noch mal an einem warmen Ort 2 Std. gehen lassen. Den Backofen auf 180° vorheizen. Die Stollen auf ein Backblech legen und im Ofen (Mitte Umluft 160°) 1 Std. 15 Min. backen. 100 g Butter schmelzen und die fertigen Stollen noch heiß damit bepinseln und dick mit Puderzucker bestäuben. Auskühlen lassen. Sorgfältig in Alufolie wickeln und 3–4 Wochen an einem kühlen Ort ziehen lassen.

Schmalznüsse

Für ca. 90 Stück
150 g Schweineschmalz | 100 g Butter | 250 g Mehl | 250 g Puderzucker | 1 Päckchen Vanillinzucker | 10 g Hirschhornsalz | 2 EL Kakaopulver

Schmalz, Butter, Mehl, Puderzucker, Vanillinzucker und Hirschhornsalz zu einem glatten Teig verkneten. Den Teig halbieren und unter eine Hälfte den Kakao kneten. Teig zugedeckt 1 Std. kalt stellen. Aus dem Teig kirschgroße Kugeln formen und im heißen Ofen bei 160° 12–15 Min. backen.

Glühwein

Für 4 Gläser à 250 ml
1 Bio-Orange | 700 ml trockener Rotwein | 300 ml Traubennektar | 4–5 EL flüssiger Honig | 2 Zimtstangen | 5 Gewürznelken

Die Orange waschen, halbieren und in Scheiben schneiden. Wein mit Traubennektar, Honig, Zimt und Nelken in einem Topf aufkochen. Bei schwacher Hitze 15 Min. ziehen lassen. In hitzebeständige Gläser verteilen.

VARIANTE – ALKOHOLFREI
Je ½ l Früchtetee und Traubennektar verwenden.

Zum Gebrauch

Damit Sie Rezepte schnell finden können, stehen sie in diesem Register alphabetisch geordnet. Außerdem alle informativen Tipps zu wichtigen Lebensmitteln und alle Varianten.

A

Äpfel (Info) 94
Apfelmus 94
Asiadip 99
Asianudeln (Info) 53
Asiawürze (Info) 87
Auberginen (Info) 54

B

Backofen 4
Bananen-Pancakes 66
Bandnudeln in Pestosahne 89
Bärlauch
Info 36
Bärlauch-Käse-Sauce 33
Bärlauch-Mandel-Pesto 37
Bauernsalat mit Pute 42
Beeren einfrieren (Info) 36
Beeren-Amaretto-Konfitüre 63
Beerenjoghurt, Crunchy 40
Bircher Müsli 67
Birnen
Info 92
Birnen-Cream-Cheese-Pie 92
Birnentatar auf Röstbrot 109
Blumenkohl (Info) 47
Blumenkohl-Kokos-Suppe mit Hähnchen 47
Blumenkohl-Reisauflauf 58
Bohnensalat mit Tofu 45
Braten garen (Info) 116
Bruschetta mit Tomaten (Variante) 22
Butter-Stollen 122

C

Chicorée in Currysauce 109
Chinakohlsalat 48
Cocktailbowle 128
Couscous-Paprika-Salat 45
Couscous-Hackfleisch-Pfanne mit Dip 27
Currynudelsalat mit Spitzkohl 17
Currynüsse, Geröstete 79

E

Eier im Glas 41
Einkauf 5–7
Eistee 128
Erbseneintopf 103
Erdbeeren
Erdbeerbrot 12
Erdbeeren einfrieren 36
Erdbeer-Rhabarber-Konfitüre 37
Erdbeersalat mit Götterspeise 35
Kokosspießchen auf Erdbeercarpaccio 34

F

Fischstäbchen-Hot-Dog 79
Fleischreste (Info) 36
Fleischröllchen (Variante) 28
Fruchtsaucen 62
Frühlings-Bruschetta 22
Frühlingsfrischkäse 13
Frühlingsquark 36

G

Geflügel (Info) 50
Geflügelleber auf Salat 106
Gemüseplatte mit Schnitzeln 24
Gemüsereste (Info) 62
Gemüsetopf mit Fisch 46
Gewürz-Kürbis 95
Glühwein 123
Grünkohl (Info) 118
Grünkohl mit Karamellkartoffeln 118
Gurken (Info) 52

H

Hackbällchen 104
Hackbraten asiatisch (Variante) 110
Hackbraten italienisch (Variante) 110
Hackbraten mit Biersauce 110
Hackbraten orientalisch (Variante) 110
Haselnüsse schälen (Info) 94
Heidelbeer-Quark-Tiramisu 60
Herd 4
Himbeer-Buttermilchshake 40
Hollandaise selber machen (Tipp) 24
Honigkuchen-Trifle 120
Honigkürbis vom Blech 89

K

Kalte Ente 128
Kartoffelomelett mit Frühlingsquark 33
Kartoffelsuppe mit zweierlei Croûtons 75
Kartoffel-Würstchen-Ragout 83
Käse-Carpaccio 41
Käsecreme 98
Käsesauce 30
Käsesauce mit Kräutern 70
Käsespätzle (Variante) 76
Kasseler mit Äpfeln und Trauben 84
Kinderbowle (Variante) 128
Kirsch-Pfirsich-Crumble 61
Knusperbrot mit Apfelkompott, Süßes 93
Kochschinken (Info) 30
Kohlrabi
Info 14
Kohlrabisalat zu Frikadellen, Lauwarmer 16
Kokosgriesnocken auf Erdbeercarpaccio 34
Konfitüre, Schnelle 12
Kopfsalatreste (Info) 62

Koteletts in Zwiebelsauce mit Püree 80
Kräutersauce 31
Kräuter ziehen (Info) 36
Kühlschrank 4
Kürbis-Mascarpone-Creme (Variante) 78
Kürbisnudeln 78
Kürbissuppe 72
Kürbissuppe asiatisch mit Curry und Kokos (Variante) 72
Kürbissuppe italienisch mit Tomaten und Speck (Variante) 72

L/M/N

Lauch (Info) 94
Linseneintopf 75
Makkaroni-Schinken-Auflauf mit Käsesauce 30
Mandel-Ingwer-Knusper 18
Mandelbutter (Tipp) 24
Mettwurstpizza 58
Milchreis mit Obstsalat 57
Möhrensuppe mit Mandel-Ingwer-Knusper 18
Moussaka 54
Nudelsalat mit Fenchel 68
Nudelsalat mit Melone 42

O

Obstsalat 57
Obstsalat, Exotischer 61
Ofengemüse, Buntes 56
Ofen-Schmarrn mit Glühweinkirschen 119
Omeletts mit orientalischer Hackfüllung 21
Omeletts mit Putencurry (Variante) 21
Omeletts mit Tomaten-Mozzarella-Füllung 21
Orangen (Info) 90
Orangencreme mit Schokosauce 90
Orangen-Kraut-Salat 107
Orangenwirsing (Variante) 104

P/Q

Panade (Info) 36
Paprika-Joghurt-Hähnchen 50
Pesto
    Bandnudeln in Pestosahne 89
    Pestostangen 67
Pfannen 4
Pflaumenmus mit Sherry 95
Pilze (Info) 76
Pilzragout mit Spätzle 76
Pute »Stroganoff« 83
Putenrollbraten zu Tomatenreis, Gefüllter 28
Quiche mit Ziegenkäse 23
Quittenkonfitüre 94

R

Radi mit Senfdressing 13
Reissalat mit Frühlingsgemüse 14
Rhabarber-Chutney 37
Rhabarbergrütze mit Vanillesauce 35
Rindfleisch (Info) 31
Rindfleisch mit Kräutersauce, Gesottenes 31
Risotto, Winterliches 114
Rote-Bete-Suppe 103
Rotweinbirnen mit Zitronenschmand 120
Rumtopf 36

S

Saisonkalender 8f.
Sandwiches mit Schinken- & Käsecreme (Variante) 98
Satéspießchen mit Chinakohlsalat 48
Sauce binden (Info) 94
Sauce bolognese 71
Schinken-Pfeffer-Creme 98
Schmalznüsse 123
Schmorgurken in Senfsahne 52
Schmorgurken (Info) 52
Schnitzelpfanne süßsauer 87
Schweinefleisch (Info) 80

Schupfnudelauflauf mit Fleischkäse 86
Selleriesticks & Asiadip 99
Selleriepüree & Apfel zu Bratwurst 113
Semmelbrösel herstellen 36
Senfeier zu Petersilienkartoffeln 113
Senfkrustenbraten mit Ananaskraut 116
Spargel (Info) 18, 36
Spargelsuppe mit Omelett 18
Spinatcurry mit Reis 27
Spinatkuchen 48
Spülmaschine 4
Steckrübeneintopf mit Kasseler 100
Steckrübeneintopf mit Räuchertofu (Variante) 100
Stollen-Creme 99

T

Thunfisch-Salat 107
Thunfischsauce 71
Tiefkühlgerät 4
Tiramisu klassisch (Variante) 60
Tomaten
    Bruschetta mit Tomaten (Variante) 22
    Info 62
    Tomatenketchup 63
    Tomatenreis 28
    Tomatensauce 70
    Tomatensuppe 46
Töpfe 4

V/W/Z

Vanillequark mit Pflaumen 93
Wirsinglasagne 114
Wirsingtopf mit Nudeln und Hackbällchen 104
Wok-Nudeln mit Chinakohl und Pute 53
Wurstsalat mit Lauch und Äpfeln 68
Zitronengnocchi mit Bärlauch-Käse-Sauce 33
Zucchini, Eingelegte 62

Unsere Garantie

Alle Informationen in diesem Ratgeber sind sorgfältig und gewissenhaft geprüft. Sollte dennoch einmal ein Fehler enthalten sein, schicken Sie uns das Buch mit dem entsprechenden Hinweis an unseren Leserservice zurück. Wir tauschen Ihnen den GU-Ratgeber gegen einen anderen zum gleichen oder ähnlichen Thema um.

Liebe Leserin und lieber Leser,

wir freuen uns, dass Sie sich für ein GU-Buch entschieden haben. Mit Ihrem Kauf setzen Sie auf die Qualität, Kompetenz und Aktualität unserer Ratgeber. Dafür sagen wir Danke! Wir wollen als führender Ratgeberverlag noch besser werden. Daher ist uns Ihre Meinung wichtig. Bitte senden Sie uns Ihre Anregungen, Ihre Kritik oder Ihr Lob zu unseren Büchern. Haben Sie Fragen oder benötigen Sie weiteren Rat zum Thema? Wir freuen uns auf Ihre Nachricht!

Wir sind für Sie da!
Montag – Donnerstag: 8.00 – 18.00 Uhr;
Freitag: 8.00 – 16.00 Uhr *(0,14 €/Min. aus dem dt. Festnetz/ Mobilfunkpreise können abweichen.)
Tel.: 0180 - 5 00 50 54*
Fax: 0180 - 5 01 20 54*
E-Mail:
leserservice@graefe-und-unzer.de

P.S.: Wollen Sie noch mehr Aktuelles von GU wissen, dann abonnieren Sie doch unseren kostenlosen GU-Online-Newsletter und/oder unsere kostenlosen Kundenmagazine.

GRÄFE UND UNZER VERLAG
Leserservice
Postfach 86 03 13
81630 München

© 2009
GRÄFE UND UNZER VERLAG GmbH, München

Alle Rechte vorbehalten. Nachdruck, auch auszugsweise, sowie die Verbreitung durch Film, Funk, Fernsehen und Internet, durch fotomechanische Wiedergabe, Tonträger und Datenverarbeitungssysteme jeglicher Art nur mit schriftlicher Genehmigung des Verlages.

Programmleitung:
Doris Schmalhofer-Birk
Redaktion: Birgit Rademacker
Lektorat: Adelheid Schmidt-Thomé
Layout, Typografie und Umschlaggestaltung: independent Medien-Design, München
Satz: Liebl Satz+Grafik, Emmering
Herstellung: Petra Roth
Reproduktion:
Wahl Media GmbH
Druck: Firmengruppe APPL, aprinta druck, Wemding
Bindung: Firmengruppe APPL, sellier druck, Freising

ISBN 978-3-8338-1687-1

1. Auflage 2009

Die Autoren

Ira König ist Redakteurin und hat lange für namhafte Food-Zeitschriften gearbeitet. Sie veröffentlichte bereits mehrere Kochbücher. Schmackhafte und preiswerte Rezepte zu entwickeln, in denen frische Zutaten der Saison verwendet werden, hat ihr besonderen Spaß gemacht. Dabei war der bewusste Umgang mit Energie rund ums Kochen für sie ein zusätzliches interessantes Thema.

Der Fotograf

Hans Gerlach, Koch, Foodstylist, Kochbuchautor und Fotograf, hat bereits mit seinem Buch Alpenküche sein besonderes Talent für stimmungsvolle Foodfotografie bewiesen. Auch in diesem Buch hat er die einfachen, jahreszeitlichen Rezepte optimal in Szene gesetzt.

Bildnachweis

Alle Fotos: Hans Gerlach

Danke!

Ein besonderes Dankeschön geht an die Firma Zwiesel-Glas für die Unterstützung bei der Fotoproduktion.

GRÄFE UND UNZER

Ein Unternehmen der
GANSKE VERLAGSGRUPPE

Kalte Ente

Eistee

Getränke für Gäste

Kalte Ente (für ca. 12 Gläser)

1 l trockener Weißwein | 2 EL Puderzucker |
3 Bio-Zitronen | 1 Flasche kalter trockener Sekt |
½ l kaltes Mineralwasser mit Kohlensäure
Wein mit Puderzucker verrühren. Zitronen heiß
abwaschen und trocken reiben. Von 2 Zitronen die
Haut dünn abschälen (nur das Gelbe, sonst wird
die Bowle bitter). 1 Zitrone in dünne Scheiben
schneiden. Schale und Zitronenscheiben zum Wein
geben und alles 1 Std. kalt stellen. Vorm Servieren
Sekt und Mineralwasser vorsichtig dazugießen.
Nach Geschmack noch 1 Zitrone auspressen und
die Kalte Ente mit dem Saft abschmecken. Das
Getränk nach Geschmack nachsüßen.

Cocktailbowle (für ca. 12 Gläser)

750 g Früchte der Saison (z. B. Beeren, Kirschen,
Pfirsich) | Schale und Saft von 1 Bio-Zitrone |
5 EL Orangenlikör | 1–2 EL Puderzucker | 2 Stän-
gel Zitronenmelisse | 1 Flasche kalte Zitronen-
limonade | 2 Flaschen kalter trockener Sekt
Die Früchte waschen, putzen und klein schneiden.
Mit Zitronensaft, -schale, Likör und Zucker nach
Geschmack verrühren. Die Melisse waschen, ab-
zupfen und untermengen. Die Früchte mit der Likör-
mischung und der Melisse vermengen. 30 Min. zie-

hen lassen. Vorm Servieren mit Limonade und Sekt
aufgießen. Nach Geschmack nachsüßen.

VARIANTE – KINDERBOWLE

Hierfür Obst mit 2 l kaltem, gesüßtem Früchtetee, 150 ml
Himbeersirup, 2 Päckchen Zitronenbrause und 1 Flasche
kaltem Mineralwasser mit Kohlensäure ansetzen.

Eistee (für ca. 12 Gläser)

2 l kalter schwarzer Tee | 100 g Zucker | Schale
und Saft von 1 Bio-Zitrone | 2–3 Stängel Minze |
1 Flasche kalte Orangen- oder Zitronenlimonade
Tee mit Zucker, Zitronenschale und -saft verrühren.
Minze waschen, Blättchen abzupfen und zum Tee
geben. 30 Min. ziehen lassen. Kurz vor dem Servieren mit Orangen- oder Zitronenlimonade auffüllen.
Das Getränk nach Geschmack nachsüßen.

AUSTAUSCH-TIPP

Klappt auch mit kaltem Früchte-, Kräuter- oder Roi-
buschtee.